ジェンダーと言葉の教育

男の子・女の子の枠組みを超えて

牛山 恵 [著]

目　次

まえがき ……………………………………………………………………… 4

第1章　教師力とジェンダー

1　ジェンダーの視点からの教師力 ……………………………………… 10
2　「言葉とジェンダー」についての教師の意識
　　―教師の性別に関する言語感覚は、どのようなものか― ………… 22

第2章　国語力とジェンダー

1　国語学習における男女差―学習の中で教師が感じる男女の差異― ……… 32
2　読み書き能力における男女差 ………………………………………… 45
3　コミュニケーション意識に見られる男女の差異 …………………… 61

第3章　国語教材とジェンダー

1　国語教材論―ジェンダーと国語教材― ……………………………… 88
2　国語教材（小学校）をジェンダーの視点から見る ………………… 101
3　文学教材（小学校）とジェンダー―ジェンダーを教材研究の視点とする― …… 112
4　文学教材（小学校）の史的研究―ジェンダーの視点で見えてくるもの― ……… 138
5　日本版シンデレラ「おしん物語」―国語教育史の中のジェンダー― ………… 173

第4章　ジェンダー教育の試み

1　児童文学とジェンダー ………………………………………………… 192
2　伝記で学ぶジェンダー―女性が戦場に向かうということを考える― ………… 204
3　ジェンダーの視点で読む文学教材―覚え書き集― ………………… 211

あとがき ……………………………………………………………………… 221

〈まえがき〉　言葉の問題としてのジェンダー

忘れられない「男のくせに」「女のくせに」

　親や祖父母のような身近な存在が言ったことが、子どもの心を傷つけるということがある。子どもは納得のいくことで叱られても傷つかないが、納得がいかない、子どもにとって理不尽な言葉を言われると、大人になっても忘れられないような傷になることがある。

　筆者の場合、その言葉は、祖母や母に言われた「女のくせに理屈っぽい。生意気だ」というものであった。小学生の低学年の頃から、何度となく言われた言葉である。好奇心が旺盛で、社会の出来事にも興味があった筆者は、大人たちの話に加わって自分の考えを述べたいという欲求が強く、よく口出しをしたものだ。そういう折に、祖母や母が言ったのである。「女のくせに…」と。そう言われて口をつぐみはしたが、釈然としない思いは強く、なぜ、女は理屈っぽくてはいけないのか、生意気と言われるのか、悔しい思いを経験した。

　一方、筆者の弟は、筆者とは逆に、「男のくせにはっきりしない子だ。優柔不断で泣き虫で」と言われて、めそめそと泣いていた。弟は優しい性格だが決断力に欠ける面があり、何か選択を迫られると、ぐずぐずと悩んでしまうのである。弟に向かって言われる「男のくせに」も、筆者には納得がいかないものであった。

　それが筆者にとって、家庭における、親や祖父母など近親者の言葉による「ジェンダー・バイアス」の洗礼であった。そのような子どもの頃の体験が、筆者がジェンダーと関わる原点となった。

　子どもの頃に芽生えた「男のくせに」「女のくせに」という言葉に対する不信感は、大人になるにつれ「男だから」「女だから」が付け加わって、ますます大きなものになっていった。そして「女は損だ」という感情は、会社勤めをしてますます強くなったが、同時に「男も大変だ」と同情することもあった。昭和30年代から40年代、筆者の子ども時代から青年時代には、男女差別が横行していたのである。

「ジェンダー」という言葉との出会い

　その後、主に女性たちの活動により、制度的な男女差別は解消していった。しかし、男女が平等になったのは制度の上においてであり、「女は損だ」と感じさせる問題はほとんど解決されてはいなかった。そういう時に、出会ったのが「ジェンダー」という言葉である。

　「ジェンダー」は、歴史的、社会的、文化的に形成された性別である。いくら制度が男女平等になったとしても、ジェンダーから解放されない限り、「男らしさ」「女らしさ」の役割分担からは逃れられず、それゆえの生きづらさがつきまとうのは必至である。子どもの頃からの男女差別の問題は、制度だけではなく「ジェンダー」に原因があったのだ。そのことを知った時、筆者は自分の生きづらさにようやく納得がいったのだった。

言葉の教育とジェンダー

　国語教育に携わる者として、筆者がもっとも問題にしているのは「言葉」であり、「教育」である。それらがジェンダーとどのように関わっているのか、明らかにすることが課題として浮上した。まずは「ジェンダー」についての理解を深める必要があった。東京女性財団（現東京ウィメンズプラザ）の「ジェンダーチェック　シリーズ」から始めて、『ジェンダーと教育』（藤田英典他編　世織書房 1999）、『学校教育の中のジェンダー』（直井道子他編　日本評論社 2009）、『実践ジェンダーフリー教育』（小川真知子他編　明石書店 1998）、『教科書の中の男女差別』（伊東良徳他著　明石書店 1991）、『〈性〉と日本語』（中村桃子著　NHKブックス 2007）、『おんなと日本語』（れいのるず＝秋葉かつえ編　有信堂 1993）、『ジェンダーで学ぶ言語学』（中村桃子編　世界思想社 2010）など、ジェンダー・ことば・教育をキー・ワードに、書物を読みあさった。また、女性史や女子教育にも目を向け、その根の深さをあらためて認識したのだった。

　「ジェンダー」という言葉が広まったのは最近だが、その意味するものの歴史は古く、また、日本に限定されず、世界的な問題でもある。この大きな問題に立ち向かうには、筆者は、まったく微力な存在であったが、まず自ら

の足もとを見つめ直すことから始めるしかなかった。筆者にとって、足もととなるのは、国語の教材であった。

国語教材に見るジェンダー問題

　国語教材を調査すると、男性を主人公とした文学教材ばかりが多いことに気づく。小学校の定番教材である「ごんぎつね」、「大造じいさんとガン」、「白いぼうし」など、そのほとんどが男性の物語である。女性は補助的な役割で登場するのみである。文学教材の読みは、主人公に同化して、主人公の状況や心情をわがこととして受けとめる読みが求められるが、女子はいつでも男性の物語をわがこととして読まされることになる。もちろん、すぐれた文学教材は、性別を超えて、読者に感動を与え、未知の世界を開くのであるが、女性が主人公になれないこと、それが問題である。

　男性が主人公で、女性が脇役という文学教材が日常化し、これまで、そのことについて、ほとんど問題化されてこなかった。ようやく最近、女性が主人公の教材探しが始まったところなのである。

　そもそも、教材の原典となる児童文学作品に、女性を主人公とする作品が少ないのである。中には『せかいいち大きな女の子のものがたり』や、『アリーテ姫のぼうけん』、『長くつしたのピッピ』など、元気な女子像を描き出している「ジェンダー・フリー」の象徴的作品の他、『ハンサム・ガール』、『Tバック戦争』、『パパは専業主婦』、『ソルジャー・マム』など、教材として取り上げたい作品もあるが、いずれも長編であったり絵本であったりして、教材化は難しい。女性を主人公とし、ジェンダー・バイアスにとらわれない女性像を描き出した児童文学の裾野が広がれば、国語教材がジェンダーを乗り超える可能性も見えてくるはずなのである。

言葉が子どもを育てる

　「男のくせに」「女のくせに」という言葉は子どもを傷つけ、「男らしく」「女らしく」という言葉は、子どもにジェンダー・バイアスを植えつける。言葉の負の教育である。しかし、その反対に、言葉が、子どものジェンダーに揺さぶりをかけることもできるのだ。たとえば、次のような言葉を子ども

に投げかけてみたらどうだろう。

　「なぜサンタクロースは男性だと決めてかかるのかね」（東野圭吾『サンタのおばさん』……『サンタのおばさん』は、息子の推薦でサンタクロースの後任に応募したジェシカという女性の物語である。ジェシカは、女性サンタ是非論の末に、サンタの後任として認められ、初の女性サンタとなる。）

　上記引用の文のように、問いを投げかけられてみると「サンタクロース」は男性ばかりであるという現実に気づかされる。しかし、そのことに根拠を見出すことはできない。

　次に、「サンタクロース」の部分に、「駅長」「部長」「委員長」「リーダー」などの言葉を入れてみよう。「男性だと決めてかかる」ことに、「サンタクロース」の場合と同様、そこにはなんら根拠がないはずである。

　では、次の文の場合はどうだろう。「サンタクロースは」を「家事をするのは」にかえ、「男性」を「女性」にかえた文である。

　「なぜ家事をするのは女性だと決めてかかるのかね」

　これまで家事をするのは女性だと決め込んでいた現実に思い至るとともに、実は、「サンタクロース」の場合と同様、そこにはなんら根拠がないと気づかされる。

　このような言葉の働きかけによって、子どもは、なにかをする場合、「男性・女性」の性別で役割分担することに、意味が見出せないことを知るであろう。

　言葉がジェンダーを形成することは事実だが、また、言葉がジェンダーを超える可能性を示すことも事実なのである。

ジェンダーを超えた共生社会へ

　今日、性差の問題は複雑化し、人間を「男性」「女性」の二種類に分けることが困難になった。また、分けることに大きな意味はなくなったと言ってもよい。一方にそのような社会現象がありながら、女子の大学生が専業主婦を希望するような保守化の傾向も見られる。

　ジェンダーを問題化しているからと言って、性の多様性や保守化傾向を否定するものではない。大事なことは、男性も女性も、自分の生きたいように

伸び伸びと生きることができる社会を創造することである。「女だから」とか「男のくせに」ということばで、自由に生きることを阻んではならない。

　子どもたちがジェンダーで苦しむことがないように、親も教師もジェンダーに意識的であって欲しい。本書の願いである。

第1章 教師力とジェンダー

1 ジェンダーの視点からの教師力

1　無意識・無自覚な発言が生徒を傷つけている

新聞の投書欄に次のような投書が掲載された。

> なぜ学校でも男女差別横行　　高校生　匿名
> 　日本は憲法にしっかりと男女平等が明記されている国ではないのか。男女共同参画社会とは、性別に関係なく、個性と能力を発揮できる社会のはずではないのか。今、私は怒りと失望を感じ、何とかして状況を変えたいと切に思っている。
> 　今春、世界史の最初の授業で、男性教師が発言した言葉に私はあぜんとした。
> 　「女子は男子より地理的把握力が劣るので、女子は世界史を頑張るように」
> 　「先生、それは男女差別です」と発言しようとしたが、込み上げてくる悔しさと怒りで言葉を出すと泣いてしまいそうだったので、ためらった。以来、私は世界史の授業で「女」という劣等感にさいなまされ続けている。

　この投書にある男性教師はおそらく、自分の発言によって、「劣等感にさいなまされ続け」なければならなくなった生徒がいることに気づいてはいまい。もし、上掲の発言について問うたら、その発言は「女子は世界史を頑張るように」ということを意図したものであり、それは女子への励ましでこそあれ、自分には決して男女を差別するつもりはなかったと答えるのではないだろうか。男性教師に悪意はなかった。しかし現実に、生徒は激しく傷ついたのである。

　ここには差別の実態とその解決の難しさとが示されている。この事例が、学校で、教師と生徒との関係において起きたということを、教職に身を置くものとして、ことに言語の学習を専門とする国語教師として、重く受け止めなければならない。

2 二つの問題点
―性差に関する認識の浅さと教師という立場への無自覚

　なぜこのようなことが起きたのか。ここに二つの問題点を見ることができる。

　まず第一は、「女子は男子より地理的把握力が劣る」という発言。これはただの言葉ではなく教師の認識を表すものであり、そこに問題がある。「女子は男子より地理的把握力が劣る」という認識に科学的根拠はあるのだろうか。筆者は、主として国語に関して、学力調査等を取り上げて言語能力における男女差の問題を追究したことがある（『読み書き能力における性差の問題　GENDERED LITERACY』2003　都留文科大学国語教育学ゼミ）。その経験を踏まえていうと、学力に関する性差について、女子もしくは男子の学力的傾向を示したものはあっても、そこに男女による生来の能力差を明示したものはないと見るべきだと考えている。もし能力差があるというなら、それは大胆な個人的見解に過ぎないだろう。この教師は経験的にそのように認識したのか、あるいは「女子は男子より地理的把握力が劣る」とする説、もしくはそのような傾向があるとする説に賛同したのか定かではない。しかし、科学的根拠の明確でないことであるにもかかわらず、断定的な発言をしたことは大きな問題である。教師は、能力に関する発言については、特に慎重であらねばならない。しかしながら、教育現場では、たとえば「女子は理数系が苦手だ」とか「男子は反復練習にむいていない」というような、女子あるいは男子について、その特徴もしくは傾向とされている点を考慮して進路や学習計画を考えることがよくある。また、生徒会長のようなリーダーには男子が望ましく、会長をサポートする立場には女子がふさわしいというような、学校運営上の配慮もなされることがある。男子・女子の特性にあった教育を志向するという観点から見れば、教育的配慮として当然のことのように見える。両性の特性に合った教育は、近代教育が始まって以来、疑いようのない理念でもあった。したがって、上掲の教師が「女子は…」という発言をしたことは、女子の特性に合った教育を目指すという点ではもっともな発言だったとも言えるのである。それなら、その教師の発言には問題はなかったのだ

ろうか。

　今日、「女子は…」というとらえ方、もちろん「男子は…」というとらえ方も同様だが、このような性別による特性のとらえ方は、科学的根拠があいまいだと判断され、家庭科の男女共習のように、性差による特性教育を否定する方向にある。そもそもこれまでの女性観・男性観の見直しを迫られている時にあって、しかも、個の個性を尊重し個の能力を育成するという教育観に立つ時、生徒を女と男に二分して、それぞれの特性を固定的に決めてしまうような教育のあり方は改められなければならない。「Aさんは地理的把握力が劣る」という言い方はあっても、生育歴も能力も個性も多様な女子全般に対して、「女子は地理的把握力が劣る」と断定する言い方は誤りである。男女差別だと人権の侵害を訴えられても、言い訳のしようはないのだ。

　ここで、再度確認しておくことが必要だと思われるのだが、教師の発言の問題点は、第一に「地理的把握力が劣る」として女子を低く見たということよりも、このような決めつけをしたことにある。したがって、この発言が「男子は女子より地理的把握力が劣る」というものであったとしても問題の本質に変わりはない。

　そして、第二の問題は、この発言が、〈教室で〉〈授業中に〉〈教師によるもの〉だったという点である。この生徒は「込み上げてくる悔しさと怒り」を感じながら、「言葉を出すと泣いてしまいそうだったので、ためらった」とある。しかし、もし、「悔しさと怒り」で「言葉を出すと泣いてしまいそう」なほど気持が動揺していなかったとしても、自分の気持ちを表現することはできなかったかも知れない。

　多くの教師は、生徒が教室で自由に発言することを歓迎し、特に授業中においては授業の活性化を目指して、生徒の発言を引き出すように配慮していると思われる。そうであっても、生徒にとって発言することへの抵抗は小さなものではない。授業中のコミュニケーション意識に関する調査（注１）では、「授業中に発言したくなることがほとんどない、まったくない」と回答した割合が、小学校４年生では28.1％なのだが、高校３年生では63.8％に増加している。その理由としては「みんなの前で間違えたくないから—40.1％」「みんなの前で話すのは緊張するから—36.3％」「あまり目立ちたくない

から─30.5％」などがあげられている。集団の中での発言は他人の目を意識して行われることが確認できる。この調査から見ても、第一回目の授業という場で、みんなの前で、教師に対する抗議を行うことは、もし仮に、この生徒が授業中の発言に抵抗をもたないという生徒であったとしても、その抵抗感にははかり知れないものがあろう。

　なお、上掲の調査には「授業が教室という場において、教師という知的側面やその他の点で優位に立つものとそうでない子どもとの間のコミュニケーションによって展開されているという動かせない現実を再確認することが必要である」という提言が述べられている。まさにその通りで、教室における「優位に立つ」教師の言葉は、それが発せられた時点で権威づけられ、それに対して異議を申し立てることが自由にできるほど、教室も生徒も解放されてはいないと考えられる。よって、この生徒は、動揺が静まった後も教師に抗議することができず、「世界史の授業で『女』という劣等感にさいなまされ続けている」ことになったのである。

　以上のような二つの問題点を含んだ発言によって、この生徒が受けた傷は、次のように「『男女差別』を受けたと感じたこと」「その相手が教師だったこと」「教師の言葉によって〈女〉であることに劣等感を感じていること」を主たるものとしながら、実はそれにとどまらない。この生徒は、教師発言に対して抗議しようとしながらそれが果たせなかった。外に向かうはずだった「先生、それは男女差別です」という言葉を飲み込んでしまい、それが抗議できなかった自分に対する悔しさとなってこの生徒を責めることになる。自分を責める傷をも負ってしまった生徒の痛みは、ますます深くなるのだ。

3　言葉が認識を生む─あらたな認識と現実把握の転換と

　上掲の投書のような事例は、「ジェンダー・ハラスメント」と考えられる。つまり、「ジェンダー」に関わることで「ハラスメント」（広義では「いやがらせ」）を受けているということである。「ジェンダー」とか「ハラスメント」とか、最近ではよく聞かれるようになり、教育現場でもしばしば登場するようになってきた。しかし、あらためてこれらの言葉については、その概念規定の確認が必要だろう。なぜならば、言葉を知るということは、ものご

とのとらえ方を知るということになるからだ。たとえば、「セクシュアル・ハラスメント」という言葉について取り上げてみよう。

　しばしばパートタイマーの女性が、上司から解雇をちらつかせながら交際を迫られてつらい思いをしたとか、宴会でお酌を強要されたり卑猥な言葉を聞かされたりして不快な思いをしたとかいうことを聞かされる。そんな女性たちは、自分が至らないからだと自分自身を責めたり、コミュニケーションがへただからだと悩んだりしたという。しかし、それが「セクシュアル・ハラスメント」というもので、相手の行為は人権侵害であり、自分は被害者だったのだということを知って、救われる思いがしたとも言うのである。はっきりと人権侵害とわかった以上、そのようないやな思いを我慢する必要も、自分を責める必要もなく、拒否していいことだという認識をもった時、彼女たちは少しだけでも生きやすくなったのである。「セクシュアル・ハラスメント」という言葉が新たな認識を生み、自尊感と前向きな力をもたらしたのだ。

　また、次のような例もある。最寄りの駅の構内に「痴漢に気をつけよう」という標語がはってあった。それがいつからか「痴漢は犯罪です」に変わっていた。なぜ、この標語は変えられる必要があったのだろう。「痴漢に気をつけよう」は、被害者になる可能性のある人に向かって注意を促す呼びかけである。この呼びかけの裏には、〈痴漢にあったら、気をつけていなかったあなたが悪い〉とか〈あなたが気をつけていないから痴漢なんかにあうのだ〉といった、被害を受けたもの、受ける可能性のあるものに対する警告や責めが隠されているように感じられる。これでは痴漢行為そのものを問題とするのではなく、被害を受けた者の方に問題があるかのような言い回しである。そこで、痴漢行為そのものが犯罪であるということを明確に打ち出すため、行為者に対する警告を標語としたのであろう。車内の痴漢防止のための標語だが、呼びかける対象が被害者から加害者へと変わったのは、痴漢行為の内実を明確にしたことによるのだ。

　ものやことに新しい言葉が与えられることで、それに対する新たな認識が生まれ、ものやことに対する認識を転換することは、言葉による表現と密接につながっているのである。

4 「ジェンダー」とそれに関連する言葉
―「ジェンダー」で明らかになること

　では、「ジェンダー」という言葉をどのようにとらえたらいいのだろう。どの言葉もそうだが、定義には人によって微妙な違いがあることを承知した上で、ひとまず、一般的でわかりやすい「社会的・文化的につくりあげられた性別」で、「固定的性別役割意識」としておこう。この「社会的・文化的につくりあげられた性別（社会的性差）」は、「生まれた時にそなわっていた性別（肉体的性差）」と分けて考えなければならない。当然、「性別役割」の中身は、「社会的性差として期待されるもの」と「肉体的性差として期待されるもの」とは違ってくるはずだ。しかし現実には、妊娠・出産に象徴される「肉体的性差」による「性別役割（sex roles）」と「社会的性差」による「性別役割（gender roles）」とを明確に分離することはむずかしい。そこに、性の問題の困難さがある。

　性の問題の困難さを前にしているわけだが、この問題の基礎・基本として理解しておく必要のある範囲で、いくつかの用語に関する確認をしておきたい。以下に、数例の解説を取り上げてみよう。

①女性学の研究者である井上輝子氏は、社会が両性それぞれに期待する役割を「性役割」とし、「生物学的性差（セックス）に由来するもの」と「文化的・社会的とりきめ（ジェンダー）に由来するもの」に分けている。前者を性科学者ジョン・マネーの説「生物学的に条件づけられた動かしがたい性差は、四つしかない（男性；妊娠させる、女性；月経、妊娠、授乳）」を引いて説明しながら、「男女に割り当てられている性役割には、冷静に考えれば生得的に運命づけられているわけでもないのに、いつの間にか慣習化して、『自然』で『当然』だと思い込まされてしまっているものが意外に多いことに気づくだろう」（注2）と述べている。

②藤田英典氏は、基本的な用語の意味確認として、「フェミニズム・セクシズム・ジェンダー・セクシュアリティ」を取り上げ、次のように述べている。

　　私たちの社会は男性と女性によって構成され、営まれている。しかし、

この二つの性の現実は、対等な関係にあるのではなく、支配vs従属、抑圧vs被抑圧、優位vs劣位といった不平等・非対称の関係にある。ウィメンズ・リブ、フェミニズム、女性学は、この不平等性、非対称性を告発・改変・再編しようとする運動、立場、学派である。それに対してセクシズム（性差別主義sexism）は、この不平等性・非対称性を〈自然なもの〉〈合理的なもの〉として自明視し再生産する傾向性をもった態度・立場・思考様式である。ジェンダー（gender）は、このフェミニズム（feminism）の言説の中で、生物学的性（セックスsex）に対して、社会的・文化的につくられた性をさす語として一般的にもちいられるようになった。（中略）セクシュアリティは、日常的に〈おとこらしさ／女らしさ〉と言われるものをさす。（注3）

③中村桃子氏は、「『ジェンダー』が社会的に作られたものならば、社会の権力構造とも大いに関係していることになる。今あるジェンダーの『区別』が生物学的性別に基づいたものではないのなら、それは『事実』ではなく、社会の権力構造の中で歴史的に作りあげられてきた『イデオロギー』だということになる。」と述べている。また、「それらを変革していく力を持った社会的な実践」として「ことば」と「ジェンダー」について、「どのような言語行為を行うことで、どのような女／男であろうとしているのか」という視点から論究している。（注4）

　以上は、「ジェンダー」という言葉がどのようにとらえられているかを示すものだが、今日、ジェンダーという言葉の用い方に関して新たな問題が起きている。

　問題となったのは「ジェンダー・フリー」という言葉だ。2002年11月、国会で「ジェンダー・フリー」という用語に関して質問が出され、男女共同参画局長が次のように答えた。抜粋して要約したものだが、これも一つの見解として紹介しておこう。

　　ジェンダーという言葉は、社会的、文化的に形成された性別という意味で男女共同参画基本計画においても使用されているが、ジェンダーフリーという用語は、アメリカでも、北京宣言及びその行動綱領や社会基本法、男女共同参画基本計画等の法令においても使用されていない。し

たがって、男女共同参画局として、ジェンダーフリーの公式な概念を示すことはできない。一部には、画一的に男性と女性の違いを一切排除しようという意味でジェンダーフリーという言葉を使っている人がいるが、誤解を持たれるし、男女共同参画社会の目指すものではない。(注5)

「ジェンダー・フリー」という言葉に関しては、1992年に設立された財団法人東京女性財団（2002年解散）で配布したジェンダーチェックの資料等でも「ジェンダー・フリーな学校生活」「ジェンダー・フリーな社会の実現」というような文脈で使用されてきた。

以下、「ジェンダー・フリー」について、いくつかの立場を紹介しておく。

①佐藤学氏は「ジェンダー・フリー教育」ではだめだと言う。(注6) それは「現実の生活において『女である前に人間である』ことなどあり得ない。むしろ誰もが『男』あるいは『女』として生きざるをえないのが現実の生活である」と、現実に立脚することで、「ジェンダー・フリー教育」に「セクシュアリティの教育」が欠落している点を指摘するからである。しかし、フリーの概念が「画一的に男性と女性の違いを一切排除しよう」とするものだからではない。ジェンダー・フリー教育は「セクシュアリティの差異を根拠として平等を追求し」「教育実践の過程に内在するジェンダーの機能をラディカルに問い直す」ような「ジェンダー・センシティブ」な教育へと展開すべきだと言うのだ。

②堀田碧氏は、2000年3月発行の『ジェンダー・センシティブからジェンダー・フリーへ』において「『ジェンダー・フリー』というのは和製英語である」「そもそも『ジェンダー・フリー』とは『男女を平等に』扱うことか？ それとも『男女関係なく』扱うことか？ 『ジェンダー・フリー』と『セックス』や『セクシュアリティ』の『フリー』とは関係があるのかないのか？ わかっているようでわかっていない」と言う。そして、そういった「ジェンダー・フリーのもつれ」をほどくものとして「フリー・フロム・ジェンダー（Free from Gender）」という概念を提示し、次のように、①ジェンダーの偏り／差別からの自由、②ジェンダーの抑圧からの自由、③ジェンダー分割からの自由という「三つのフリー」こそ目指すべきものだとしている。(注7)

③最後に、日本における「ジェンダーと教育」に関して、その系譜やコンセプトをまとめた舘かおる氏の言葉（注8）を紹介する。舘氏は「ジェンダー・フリー教育は、学校というシステムと、教師と生徒の心の有り様におけるジェンダー・バイアス（筆者注：ジェンダーに関わる偏向・偏見）の是正と解放を意図しているのである。」と意味づけた上で、次のようないくつかの提案を行っている。

　1．性別秩序に依拠して学校の秩序統制原理を維持してきたシステムと、それを遂行してきた教師の認識の是正
　2．子どもを暗黙知から解放し、ジェンダー概念に基づく「知」を提示し、子どもの認識を変革する
　3．ジェンダー規範からの解放で子どもの「自尊感」を回復する
　4．「平等」観を「無限の差異が混在する存在形態を保証するもの」として捉え直す

この舘氏の提案は、筆者の考え・立場と重なるものである。

学校は、「隠れたカリキュラム」によって「性の不平等再生産」を行ってきた。「女らしさ・男らしさ」に価値を見出すことで「ジェンダー・バイアス」を増殖してきた。教師はそれに加担してきたのである。まずはそのことを心にとめておかなければならない。その上で、自らのジェンダー・バイアスをチェックし、児童・生徒をジェンダーの拘束から解放するよう働きかけなければならない。それが、人権を尊重する教師としての務めである。

以上、教師の常識として、ジェンダーに関する問題を取り上げてきた。男女共同参画社会を目指す21世紀の教師力としては、人権意識が高いこと、人権感覚がすぐれていることは絶対条件である。

5　国語教育におけるジェンダー

国語教育とジェンダーはどのように関わっているのか。以下、国語教師の基礎素養として必要な、国語科とジェンダーに関する三つの点について検討を加えることにする。

　(1)　言葉—用語・言葉づかいに敏感であること

言葉とジェンダーの問題は二つある。一つは、主として女がどのように表

現されているのかを問題にするものである。たとえば、現在では「保護者会」となっているが、かつては「父兄会」という名称で女性を排除する言い方になっていたこととか、年齢の高い独身女性を「オールドミス」「ハイミス」と言ったり、夫に死なれた女性を「未亡人」と言ったりしたことの問題である。ちなみに、小学生の女子にアンケートをとったところ、もっとも言われたくない言葉は、他を大きく離して「ブス」であった。女子のみに使われる蔑称である。その他、「男まさり」「女の腐ったような」などで、最近では使われなくなったり言い換えが進んだりしているが、これらの言葉には敏感でありたい。

　問題の二つ目は、言葉づかいに見られる性差の問題である。特に女性の言葉づかいに制限を加えたものをさす。たとえば、江戸時代の『女重宝記』に「女の詞は片言まじりに柔らかなるこそよけれ」「万の詞におと、もじとをつけて、やはらかなるべし」とあるように、女性の使用する言葉はやわらかな「婦人語」「女性語」を期待されてきたのである。明治時代から今日まで、その時々に言葉の乱れが指摘されてきたが、中でも女性の言葉が乱暴になったという指摘が多いが、それは「女性語」期待の裏返しの現象であろう。

(2) 教材―性差を考慮した選択の視点をもつこと

　かつて小学校6年生の国語教科書に今江祥智の「どろんこ祭り」という教材が載っていたが『教科書の中の男女差別』（明石書店、1991）において、男らしさ・女らしさのステレオタイプを植えつける教材として批判されて姿を消した。一昨年、国定教科書を中心にジェンダーの視点からの教材の見直しを行ったが（『国語教材における意識形成の問題』2002　都留文科大学国語教育学ゼミ）、作品における人物像はもとより、挿絵に至るまで、教材の随所に問題が発見された。中学校の教材では、魯迅の「故郷」におけるヤンおばさんの表現などが問題になるだろうが、何もかも問題にするのではなく、ジェンダーの表れを時代状況の中でとらえて、普遍性と時代性を明らかにする必要があるのではないだろうか。しかし、教育出版がどこよりも早く、中学校1年生の教材として、青木やよひ「ちょっと変じゃない？」という、ジェンダーへの入門的評論を採り上げたのは評価できるだろう（現在は教材として採録されていない）。

なお、教材選択の視点として、筆者はかつて「ジェンダーからの解放を目指す教材」として以下の4点をあげたことがある。(注9)
1．筆者・作者が女性である作品（筆者・作者が男性のものに偏らないこと）
2．女性の登場人物がいて、その人物の描かれ方が類型的でないこと
3．男女の関係が類型的でなく、おたがいを認め合って共に生きる者であること
4．男女の差別や役割意識の現実に対する批判的な視点に立つものであること

(3) **カリキュラム―性別学習傾向の実態を把握すること**

カリキュラムを作成するにあたっては、生徒の学力や学習に関する傾向を知っておかなくてはならない。特に性差の点について言うと、性別による生育歴の違いによって様々に後天的な差異が生じている（注10）のは事実である。コミュニケーションに関する意識や活動形態、学習に関する関心や意識、それに、そこまでの学習成果としての学力の実態など正確なデータが必要である。ここでは、日本語学研究所で行った「日本語力測定試験」（対象：高校1・2年生、実施2003年）の結果を取り上げて、日本語力に関する性差を見てみたい（紙面の都合上、詳細な分析・考察はできないので後日を期することにする）。

「日本語力測定試験」は、聞き取り問題35問、読み取り問題65問、計100問からなり、それぞれに「文字・語句の使い方」「敬意の表し方」に関する設問が含まれている。その他、聞き取り問題では話すこと、聞くこと、読み取り問題では書くこと、読むことが中心的な設問である。

100問中、男女による顕著な差が見られたのは「敬意の表し方」に関する設問である。以下に例をあげてみよう。

「電話での不在の告知」の正答者率　　男子：73.9%　　女子：80.4%
「ウチとソトの言い分け」　　〃　　　男子：57.6%　　女子：66.7%
「『行く』の敬語表現」　　　〃　　　男子：81.2%　　女子：87.2%

「敬意の表し方」13問中、「初対面の人への質問」では、男子が1.7%上だが、他はすべて女子が高い率を示し、その差は平均値で約5％を示している。

「言葉のきまり」など、ほとんど性差がないものに比べ、なぜ敬語表現に性差が出るのか、検討課題であろう。イギリス、アメリカなどでは、リテラシーに男女差が見られることで、より劣っている男子のためのカリキュラム開発を行ったという報告がある。対処療法ではなく、根本原因の究明と男女差を生まない生育・教育環境の整備・充実が早急に必要である。

[注]

注1　田近洵一編著『子どものコミュニケーション意識』学文社　2002

注2　井上輝子『女性学への招待』有斐閣選書　1992

注3　藤田英典「教育における性差とジェンダー」『東京大学講座　性差と文化』東京大学出版会　1993

注4　中村桃子『ことばとジェンダー』勁草書房　2001

注5　これは2002年11月12日、参議院内閣委員会で、亀井郁夫（自民党）の質問に答えたものである。詳しくはインターネットの国会会議録を参照されたい。なお、この質疑応答を受けて、文部科学省生涯学習政策局男女共同参画学習課より、2002年12月14日付で各都道府県・政令指定都市教育委員会生涯学習・社会教育主管課宛てに『国会の質疑について』という文書が送付された。内容は、国会質疑を要約したもので、男女共同参画社会の基本構想を確認するものだと思われるが、その中で「ジェンダー・フリー」という用語の使用に関しては慎重であるように示唆されている。

注6　佐藤学「ジェンダーとカリキュラム」藤田英典他編『ジェンダーと教育』世織書房　1999

注7　堀田碧「『3つのフリー』をめざして～ジェンダーのもつれをほどく～」『ジェンダー・センシティブからジェンダー・フリーへ』ジェンダーに敏感な学習を考える会　2000

注8　舘かおる「『ジェンダー・フリー教育』のコンセプト」藤田英典他編『ジェンダーと教育』世織書房　1999

注9　牛山恵「国語教材論」『国語教育の再生と創造』教育出版　1996

注10　牛山恵「小学生・中学生・高校生のコミュニケーション意識に見られる男女の差異」『国文学論考』都留文科大学国語国文学会　2002

2 「言葉とジェンダー」についての教師の意識
―教師の性別に関する言語感覚は、どのようなものか―

はじめに

　ジェンダーの問題は「言葉」に表れることが多い。たとえば性別の不明な誰かが「～だわ」と言ったとすれば女性を、「～だぜ」と言ったとすれば男性を思い浮かべるであろう。自分を指して「わたし」なら女性を、「ぼく」なら男性を思い浮かべるであろう。言葉そのものや言葉づかいには、性別による使い分けが見られるのである。

　言葉の性別の問題について、教師はどのように考え、現場でどのように指導しているのか、それを明らかにしようとしたのが後掲するアンケート調査（山梨県の中学校教師対象）である。そのアンケート調査の結果から、次のようなことが見えてきた。

1　自らの性に無自覚であることの問題

　今回のアンケート調査で、現場の実態が顕著に表れたのは、回答者の性別を問う、調査の入り口部分である。回答者が、自らの性に無自覚であることが明らかになった。

　表1によると、20代では性別未選択が50％、30代では56％で、40代の27％、50代の4％を大きく上回っている。なぜ、若い世代ほど自らの性について無自覚な傾向なのだろうか。

表1　回答者の年齢・性別

	20代	30代	40代	50代	合計
男	6	5	16	13	40
女	3	3	14	14	34
未選択	9	10	11	1	31
合　計	18	18	41	28	106
未選択割合	50%	56%	27%	4%	29%

平成24年度の文部科学省による学校基本調査では、中学校教員の男女比は表2のようになっている。

　表2から見ると、全国的にも、山梨県においても中学校教員の女性比は決して少ないというわけではない。全国的に、平成4年度37.9％、平成14年度

40.7％と、少しずつではあるが増加傾向にある。中学校における女性教師の数は男性に比べて大きく劣勢であるということはなく、人数の面から見れば男女

表2　学校基本調査による中学校における女性・男性の教員数

	女性	男性	合計	女性比
全国	101,242	135,888	237,130	43％
山梨県	777	1,099	1,876	41％

共同参画は進められていると言っていいだろう。しかし、その事実を評価した上で、人数の割合が必ずしも性別役割分業を解消していくことにはならないということを指摘しておきたい。

　女性比の上昇は、日常の業務の上では男女の差を縮小しつつあるが、たとえば女性の管理職登用になると、男女共同参画が決して実現されていないことが明らかになる。全国の中学校の女性校長は、教員総数に対してわずかに5.5％である（注1）。また、「女性教員の比率は、全国的に高くなってきている一方で、公立小中・盲ろう養護学校の女性管理職数は、全国平均2割を切って低迷している。女性の意識の向上と女性が管理職に着任できる条件を作っていくことが今後に望まれる」（注2）という報告もある。リーダーは男性という性別役割意識が強く残っていることを示すものである。

　中学校の現場は、男女の教員数が接近してくるなど、ジェンダーの問題を解消しつつあるかのような幻想を生んでいる。そのことが、回答者に、「今さらジェンダーなんて」観をもたらし、自らの性別を深く受け止める必要性を感じさせないのだろう。特に、若い世代にその傾向があるのは、男女差別撤廃を掲げて闘った世代と、制度上の問題が解決されつつあった世代との違いであろうか。ジェンダーの問題はもはや過去のことであるという認識は、良妻賢母観を復活させる懸念がある。男女共に、自らの性別の確認を土台として、ジェンダーの問題に取り組み続けることが求められている。

2　性別による言葉の使い分けの問題

　「さん」は「さま（様）の変化した語」で「人名、職名などに添えて敬意を表す語」。「君」は「目上の人などの名前の下に付けて敬意を表す」「同輩やそれ以下の者の名前の下に付けて親しみや軽い敬意を表す」（日本国語大辞典）とある。語義には男女を分けて使う必然性はまったくない。しかし、

表3　男女で「さん、君」を区別して呼んでいると回答した者

	20代	30代	40代	50代	全体
男	2	1	12	7	22
女	2	3	10	7	22
未選択	5	5	7	0	17
合　計	9	9	0	14	61
割合	50%	50%	70%	50%	58%

中学校現場ではいまだに、女子には「さん」を、男子には「君」を付けて呼ぶ習慣が残っている。調査では表3のような結果が出ている。

　全年代を通して、半数以上の教師が性別によって使い分けをしている。
　このことについては、「以前からの習慣」「男子にさん付けは違和感を感じる」「さん付けに統一したところで男女平等につながるとは思わない」「体の構造が違うように、呼び方も区別する方が適正だと思う」などの理由があげられた。
　これまで学校現場では、多くの場合、女子には「さん」を男子には「君」を付けて呼んできた。それは呼び捨てに対して、正しく美しい日本語として受け入れられてきた。そのことに慣れ、習慣化していることである。今、あえて「さん」付けに統一する必要性がどこにあろうか。全体の56％の教師たちはそのように考えているのであろう。また、中学校教師の望月理子氏が述べるように「中学校は、小学校に比べて、ジェンダー秩序をかなり利用する」ため、教師の中に、「さん」「君」付けは性別が明らかになって便利だという考えもあろう。では、なぜ、小学校では男女共に「さん」付けで呼ぶことを推進しているのか。それは舘かおる氏の次の言葉に示されている。

　　生別カテゴリー分けを多用していることが、子どもたちに女と男を区別させる性別意識を醸成していることなのであると、教師たちは気付いて行った。(注3)

　上掲の言葉に対して、「差別は悪いが区別はよい」と回答した教師は戸惑うであろう。アンケート調査で性的マイノリティの問題を取り上げたが、女と男という二分法がそもそも問われる時代になったことを受け入れる必要がある。さらに、男女混合名簿の実施が証明したように、学校現場では男女別にする必要性はほとんどないのである。習慣化した呼び方を見直し、男女共に「さん」付けで呼ぶことを心がけてほしい。その一歩が、ジェンダー・フリーの実現につながるのである。

おわりに

　教育現場をジェンダーの再生産拠点にしてはならない。そのためにはなによりも教師の意識改革が必要である。調査結果はそのことを強く訴えてくる。

[注]

注1　内閣府男女共同参画局「平成二四年度版男女共同参画白書」
注2　「中央教育審議会 義務教育特別部会意見発表資料」2005
注3　舘かおる「『ジェンダー・フリー教育』のコンセプト」藤田英典他編『ジェンダーと教育』世織書房　1999

[資料]

「ことばとジェンダー」についての中学校教師の意識調査結果

　　　　　　　　　　　　　実施者：都留文科大学教授　牛山恵
　　　　　　　　　　　　　　　　　韮崎市立韮崎西中学校教諭　望月理子
　　　　　　　　　　　　　実施対象：韮崎市他の中学校教師　105名
　　　　　　　　　　　　　実施方法：アンケート調査
　　　　　　　　　　　　　実施時期：2011年11月

回答者の年齢・性別

	20代	30代	40代	50代	合計
男	6	5	16	13	40
女	3	3	14	14	34
未選択	9	10	11	1	31
合計	18	18	41	28	105
割合	50%	56%	27%	4%	30%

※未選択…回答者の性別が選択されていない。

1—①　最近の中学生のことば使いについて気になることがあるか。
＊「はい」と回答

	20代	30代	40代	50代	合計
男	6	5	13	12	36
女	3	3	14	13	33
未選択	9	10	10	1	30
合計	18	18	37	26	99

1—② 「はい」と回答した場合当てはまるものを選択

項　　　　目	男	女	未記入	合計
ア、流行語を授業中に使う。	5	2	2	9
イ、若者ことばを授業中に使う。	3	1	4	8
ウ、敬語を正しく使うことができない。	19	13	14	46
エ、男子生徒が「女ことば」を使っている。	0	0	0	0
オ、女子生徒が「男ことば」を使っている。	4	5	0	9
カ、きちんとした文ではなく、単語ですまそうとする。	16	23	21	60
キ、辞書の意味と異なる使い方をする。	0	1	2	3
ク、その他	3	5	2	10

1—③　②で「ク」と回答した人（抜粋）
- 男女に関係なく乱暴な言い方だったり、人を馬鹿にするような言葉が飛び交う。
- 「死ね」という言葉をよく使う。・「死ね」「うざい」などを頻繁に使う。
- 刺激の強い言葉を平気で使う（「死ね」など）。
- 略語を使う。・短縮した言葉。
- 女子が関西弁の「うち」を使う。
- 他人に対する言葉使い（キモイ、死ねなど）。
- 教師に対してため口を使う。
- 流行語をやたらと使いたがる。

2　生徒が自分のことを「○○ちゃん」と言った時、指導しているか。
＊「はい」と回答

	20代	30代	40代	50代	合計
男	0	1	7	9	17
女	1	1	5	6	13
未選択	0	7	2	0	9
合　計	1	9	14	15	39

2—①　「はい」と回答した人（抜粋）
- 幼児語のように思われる。・年齢相応の言葉使いをするべき。
- 私や僕と言った方がよいと思う。
- 一般的に公で通用する言葉を使わせたい。
- 進路や就職のことを見据えて。・社会に出て通用しない。・社会で一般的な礼儀。
- 自己意識の確立のため。
- 立場の違いをわきまえて言動を選択できる人に育ってほしい。

- 公的な場、年齢的に、ふさわしくない。
- 中学生としてふさわしくない。
- ＴＰＯに配慮するよう指導している。ＴＰＯをわきまえる。
- 自分を指し示す言葉を使うべき。
- 社会に出る前段階として、公私の区別は必要。

3　女子生徒が自分のことを「ぼく」「おれ」と言った時に指導しているか。
＊「はい」と回答

	20代	30代	40代	50代	合計
男	0	2	8	9	19
女	2	2	11	7	22
未選択	2	4	4	1	11
合　計	4	8	23	17	52

3―①　「はい」と回答した人

項　目	男	女	未選択	合計
ア、「ぼく」「おれ」は「男ことば」だから	9	5	3	17
イ、学校という公の場では、正しい言葉に使い慣れるべきだから	12	11	7	30
ウ、子どもっぽいから	0	2	0	2
エ、その他	1	5	1	7
合　　　計	22	23	11	56

4　国語の教科書では、「女ことば」を教えていると思うか。
＊「はい」と回答

	20代	30代	40代	50代	合計
男	1	1	1	0	3
女	0	0	0	2	2
未選択	0	0	0	0	0
合　計	1	1	1	2	5

4―①　女らしいことば使いにはどういうものがあるか。
- ～かしら。～なのね。～だわね。～よ。～わよ。～だわ。～なのね。～かしら。
- わたし　あたし
- おいしい　おなか
- さようでございますか。よろしゅうございますね。

4―②　男らしいことば使いにはどういうものがあるか。
- ～するぜ。～だぞ。～だぜ。～だろ。～しろ。
- おい。
- おれ　おまえ　自分　あいつ　てめえ
- すげー。やべー。ばかやろう。

5　授業中、生徒に指示する時に「○○しなさい」という命令的なことばと、「○○してください」という依頼的なことばと、どちらを多く使っているか。

＊命令的なことば

	20代	30代	40代	50代	合計
男	0	2	3	6	11
女	0	0	2	1	3
未選択	2	1	3	0	6
合　計	2	3	8	7	20

＊依頼的なことば

	20代	30代	40代	50代	合計
男	5	3	12	4	24
女	3	3	10	10	26
未選択	6	8	6	1	21
合　計	14	14	28	15	71

5―①　その理由
- 自ら考えて活動してほしいため。
- 場合によって使い分けるべき。
- 勧誘的な表現をしている。・～しよう、～しましょう、～みようを使う。
- 指導的立場であるため。
- 授業は協力体制で成り立つ。
- 教師が威張っている感じで命令口調が嫌い。
- はじめは依頼的で、それでできない時は命令的。
- 指示であって命令ではない。
- 授業中は依頼的。清掃指導などは命令的。
- 命令的な言葉だと生徒がのびのび活動できない。
- 命令口調では、言われた方は不快に思うだけ。
- 命令的な言葉では動かない。

・一人の人格として尊重したい。
・命令口調は威圧的でコミュニケーションがとりにくい。
・命令口調は生徒たちに「やらされている感」をつよく感じさせてしまう。

6　生徒が性的マイノリティだと感じたことがあるか。
＊「はい」と回答

	20代	30代	40代	50代	合計
男	0	1	4	0	5
女	0	0	3	7	10
未選択	1	2	0	0	3
合　計	1	3	7	7	18

6―①　「はい」と回答した人。その後の指導に影響したか。
＊影響した

	20代	30代	40代	50代	合計
男	0	0	0	0	0
女	0	0	3	3	6
未選択	0	2	0	0	2
合　計	0	2	3	3	8

6―②　「はい」と回答した人。具体的にどのような指導か。
・男らしい、女らしいという言葉や話はしないようにしている。
・違和感を感じたので、そのことに気づかないようなふりをして接した。
・男子で、何の悪気もなく女子トイレに入ったので指導した。
・マイノリティだと判断しても、その子の個性として尊重している。
・その子が性的マイノリティかもしれないということを念頭に置いて対応する。

7　女子生徒には「○○さん」、男子生徒には「○○君」と区別して呼んでいるか。
＊「はい」と回答

	20代	30代	40代	50代	合計
男	2	1	12	7	22
女	2	3	10	7	22
未選択	5	5	7	0	17
合　計	9	9	29	14	61

＊「いいえ」と回答

	20代	30代	40代	50代	合計
男	4	4	3	4	15
女	2	0	3	5	10
未選択	4	2	3	1	10
合　計	10	6	9	10	35

7―① 回答の理由

- 名前だけでは性別がわからないのを分けるため。
- ○○さんに統一する理由がわからない。
- 同姓の場合、分けるとわかりやすい。
- 以前からの習慣。・使い分けの方がなじみがある。・使い分けが改められない。
- ○○さんに統一したところで男女平等につながるとは思わない。
- 周囲への配慮で使い分けしている。個人的には○○さんでいいと思っている。
- ○○さんで、大人として扱っている印象を与える。
- なぜか、男子に○○さんは違和感を感じる。・男子のさん付けには抵抗がある。
- 呼び捨てにしている。
- 両方使う。
- 日本語の特性だから。
- 体の構造が違うように、呼び方も区別する方が適正だと思う。
- ジェンダーの理念は承知しているが、呼び名がそれとつながっているとは考えない。
- 正式な場や通信類はさん付け。
- 区別する必要を感じない。
- 特に授業の中では使い分けをしている。けじめをつけるため。
- 差別はよくないが区別はよいと思うので使い分けする。
- あらたまった時に使い分けをする。
- ジェンダーの立場から○○さんを心がけている。

付記：本調査は、都留文科大学ジェンダー・プロジェクトの研究の一環として行われたもので、山梨県内の中学校の教師のジェンダー意識を明らかに把握することが目的である。本研究の趣旨からは外れるが、調査結果の検討を通して、山梨県内の中学校教師のジェンダーに関する認識を深め、学校教育の場における人権意識の高まりに貢献することを意図している。

第2章

国語力とジェンダー

1 国語学習における男女差
―学習の中で教師が感じる男女の差異―

問題の所在

　「国語の学習の中で、男女の差を感じますか」と問うと、多くの教師が「個人差はあっても男女差は感じない」と答える。しかし、授業を見学させてもらっている時や、その後の研究会の時、「この学級は女子がリーダーシップを取っている」とか「男子が積極的に発言している」とか、男女別に学習傾向をとらえた発言を耳にすることが多い。ほんとうのところ、現場の教師たちは、国語学習において男女の差異をどのように感じているのだろうか。
　「国語学習における男女差」について、以下のような要領でアンケート調査を行った。

1　対象：小学校教師　（東京都）女性161名　男性85名　合計246名
2　実施時期：2013年5・6・7月
3　趣旨：「先生方が、日頃、国語学習の中で感じておられる男女の差異について、下記にご回答をお願いいたします。調査結果をもとに、授業の改善を図りたいと考えております」
4　方法：無記名　学習態度に関して9項目、学習能力について13項目の問いを設定し、それぞれの問いについて、その傾向が強い方に、女子・男子を別にチェックするというもの。

1　アンケート調査結果の総括

　表1は全員（女性161名、男性85名　合計246名）について集計した表である。
　「①積極的に発言しようとする」を例にすると、「男子」の欄は、246名中、男子を選んだ者が166名で、それは全体の67.4％であるということを示している。「女子」の欄は56名で、それは22.8％である。

積極的に発言するのは男子であると感じている教師の割合がかなり高いことがわかる。67.4％と22.8％の合計が100％にならないのは、どちらかを選択することをせず、チェックしていない回答があるためである。

表1　アンケート調査結果　　　　　　※全員（246名）について集計したもの

学習態度の傾向	男子	割合	女子	割合
①積極的に発言しようとする。	166	67.4％	56	22.8％
②発表の声が小さい。	17	6.9％	220	89.4％
③友達の話をよく聞く。	17	6.9％	214	87.0％
④先生に質問することが多い。	162	65.9％	55	22.4％
⑤積極的に調べ学習に取り組む。	50	20.3％	153	62.2％
⑥指名されると黙ってしまう。	56	22.8％	125	50.8％
⑦グループ活動で存在感が薄い。	102	41.5％	98	39.8％
⑧グループ活動に積極的に取り組む。	79	32.1％	124	50.4％
⑨グループ活動でリーダーになる。	90	36.6％	107	43.5％
学習能力の傾向				
①文字がきれい。	3	1.2％	227	92.3％
②漢字力（読む・書く）がある。	25	10.1％	186	75.6％
③音読が上手。	54	22.0％	161	65.4％
④文学教材が好き。	24	9.8％	182	74.0％
⑤説明文教材が好き。	128	52.0％	68	27.6％
⑥作文の文字数が多い。	13	5.3％	208	84.6％
⑦語彙が豊かである。	40	16.3％	169	68.7％
⑧本を読むのが好き。	40	16.3％	150	61.0％
⑨問題を解くのが早い。	162	65.9％	47	19.1％
⑩文学教材の読み取りが深い。	42	17.1％	158	64.2％
⑪人物の心情を想像できる。	49	19.9％	152	61.8％
⑫感想文が上手。	22	8.9％	190	77.2％
⑬あらすじや概要をとらえることができる。	58	23.6％	142	57.7％

表1において、顕著な結果（70％以上）が表れたのは、以下の項目である。
1　「能力①文字がきれい」　　　→女子　92.3％
2　「態度②発表の声が小さい」　→女子　89.4％
3　「態度③友達の話をよく聞く」→女子　87.0％

4 「能力⑥作文の文字数が多い」 →女子 84.6%
5 「能力⑫感想文が上手」 →女子 77.2%
6 「能力②漢字力がある」 →女子 75.6%
7 「能力④文学教材が好き」 →女子 74.0%

　いずれも女子の傾向を認める数値であるが、項目「態度②発表の声が小さい」が否定的な傾向を示すものであるのに対して、他はいずれも国語学習における女子の優位性を示すものである。
　男子に優位性を認める項目は、いずれも70%を超えるものではないが、以下の項目である。
1 「態度①積極的に発言しようとする」 →男子 67.4%
2 「態度④先生に質問することが多い」 →男子 65.9%
3 「能力⑨問題を解くのが早い」 →男子 65.9%
　ここからは、国語学習に積極的な男子の傾向が見られる。
　男女の差が少ない項目は、以下のようにグループ学習に関するものである。
1 「態度⑦グループ活動で存在感が薄い」男子＞女子　差1.7ポイント
2 「態度⑧グループ活動に積極的に取り組む」男子＜女子　差18.3ポイント
3 「態度⑨グループ活動でリーダーになる」男子＜女子　差6.9ポイント
　ここからは、女子の積極性が男子を上回っていることが見て取れるが、その差は小さく、グループ活動においては男女差が認めにくいという実態がうかがわれる。学習活動としてグループ活動を取り入れることの意味につながるものであろう。

2　「態度」各項目についての検討

(1)　「態度①積極的に発言しようとする」
【男子67.4%　女子22.8%　割合差44.6ポイント】
　国語学習において、男子の方が女子より積極的に発言しようとする傾向が見られるというものである。では、この傾向は学年によって違っているのであろうか。表2に各学年の教師による割合を示している。（もととなる教師数＝1年：40名、2年：46名、3年：33名、4年：35名、5年：36名、6年：42名）

表2 「積極的に発言しようとする」学年毎の割合

	1年	2年	3年	4年	5年	6年
男子	60%	63%	64%	74%	78%	76%
女子	20%	28%	30%	23%	19%	38%

　表2によると、発言に関しては、低学年の方が男女差を感じていないことがわかる。もっとも差があるのは5年生で、6年生になると男女差は縮小している。

　(2) 「**態度②発表の声が小さい**」
【男子6.9%　女子89.4%　割合差82.5ポイント】

　「能力①文字がきれい」に次いで、男女差の大きな項目である。「文字がきれい」の男女の割合は、男子が1.2%、女子が92.3%で、差は91.1ポイントである。「発表の声が小さい」の男女の割合は、男子が6.9%、女子が89.4%で、差は82.5ポイントである。圧倒的に女子の発表時の声量が小さいことを示している。学年毎の割合を見てみよう。

表3 「発表の声が小さい」学年毎の割合

	1年	2年	3年	4年	5年	6年
男子	3%	7%	9%	9%	0%	7%
女子	85%	91%	91%	91%	97%	90%

　表3によると、どの学年においても同じような結果が出ている。つまり、女子の発表の声が小さいのは、小学校に入学する以前からの傾向と考えられる。

　(3) 「**態度③友達の話をよく聞く**」
【男子6.9%　女子87.0%　割合差80.1ポイント】

　この調査は「国語学習における」ものであるから、休み時間のおしゃべりなどにおける「聞く」ではなく、友達の発表についてやグループでの話し合いにおいて、「よく聞く」ことができているかどうかである。学年毎の割合を見てみよう。

表4 「友達の話をよく聞く」学年毎の割合

	1年	2年	3年	4年	5年	6年
男子	8%	7%	9%	0%	3%	7%
女子	78%	91%	85%	91%	94%	88%

表4によると、どの学年においても同じような結果が出ている。4年では、男子が0％で、友達の話を聞けないという傾向が顕著である。4年、5年の割合差がもっとも大きい。

(4) 「態度④先生に質問することが多い」
【男子65.9%　女子22.4%　割合差43.5ポイント】
　学習への積極性を見るものとして、教師への質問があげられる。男子の方が優位となっている。これは、単に話を聞かなかったために指示を確認する質問から、学習内容に関する高度な質問まで含まれる。ここでは質問内容を問わず、質問という行為を取り上げている。学年毎の割合を見てみよう。

表5 「先生に質問することが多い」学年毎の割合　　　　　P：ポイント

	1年	2年	3年	4年	5年	6年
男子	65%	74%	49%	71%	64%	95%
女子	15%	20%	42%	26%	27%	17%
割合差	50P	54P	7P	45P	37P	78P

　表5では、割合差も示しておいた。どの学年においても同じような結果だが、3年と6年では割合差がかなり開いている。3年の場合は、教師への質問について男女差は少ない。それに対して6年では圧倒的に男子が優位である。

(5) 「態度⑤積極的に調べ学習に取り組む」
【男子20.3%　女子62.2%　割合差41.9ポイント】
　調べ学習には学習者の意欲が表れる。課題を把握し、それを解決するためにどのような方法をとるか、計画的になされなければならない。また、教室にとどまらず、図書室や家庭での学習が必要なこともある。ここでも女子の方が優位である。学年毎の割合を見てみよう。

表6 「積極的に調べ学習に取り組む」学年毎の割合

	1年	2年	3年	4年	5年	6年
男子	25%	22%	30%	17%	17%	10%
女子	38%	61%	61%	71%	75%	76%

　表6によると、女子は学年が上がるにつれて割合も増加している。学習への取り組みに意欲が感じられる。それに対して、男子は高学年では10人中1人かせいぜい2人に意欲が認められるということになる。女子との割合差も大きくなる。

(6) 「態度⑥指名されると黙ってしまう」
【男子22.8%　女子50.8%　割合差28.0ポイント】
　学習への参加に問題はないかどうかを問う項目である。本来望ましいのは、指名をされなくても積極的に発言をして学習に参加することである。この項目の場合は、教師に指名されることを前提としているから、黙ってしまう原因として考えられるのは、発言に自信がないということであろう。わかっていて発言しないのではなく、まちがうことを恐れていることを示すものである。学年毎の割合を見てみよう。

表7 「指名されると黙ってしまう」学年毎の割合

	1年	2年	3年	4年	5年	6年
男子	23%	28%	9%	31%	22%	14%
女子	45%	59%	76%	57%	69%	71%

　表7によると、学年による傾向の違いは見られない。自信がないために発言をしないという傾向は女子に強いが、3年を除いて男子にも見られる。間違うことを恐れない教室作りが、教師の課題であろう。

(7) 「態度⑦グループ活動で存在感が薄い」
【男子41.5%　女子39.8%　割合差1.7ポイント】
　今回の調査の中で、1.7ポイントともっとも男女の割合差の小さかったものである。男女共に50%を切っているが、数値として問題にしないですむものではない。グループ活動に、自分の立場をはっきりさせて参加することがうまくいっていないということである。学年毎の割合を見てみよう。

表8　「グループ活動で存在感が薄い」学年毎の割合

	1年	2年	3年	4年	5年	6年
男子	30%	46%	42%	31%	50%	40%
女子	33%	35%	45%	57%	47%	33%

　表8によると、学年によって男女の割合に逆転が見られる。男子にこの傾向が強いのは、2年、5年、6年で、1年、3年、4年は女子である。もともと割合差が小さく、男女、どちらとも言いがたい項目なのであろう。

　(8)　「**態度⑧グループ活動に積極的に取り組む**」
【男子32.1%　女子50.4%　割合差18.3ポイント】
　⑦と関連する、グループ活動への参加状況を問う項目である。男子で30%、女子で50%は、男女差の問題を超えて学習態度のあり方が問題である。グループ活動が子どもにとって、自主性を重んじる楽しい活動になっていないのではないだろうか。学級が、学び合いを大切にした、豊かなコミュニケーションを土台とする場となっていないことが問題である。学年毎の割合を見てみよう。

表9　「グループ活動に積極的に取り組む」学年毎の割合

	1年	2年	3年	4年	5年	6年
男子	33%	28%	36%	34%	47%	21%
女子	30%	54%	58%	54%	44%	60%

　表9によると、1年、5年は男子の方が優位であるが、他の学年は女子の方が優位である。6年にいたっては割合差が40ポイントもある。かつてコミュニケーションに関する調査を行ったが（田近洵一編著『子どものコミュニケーション意識』学文社）、男子は自由記述の中に「めんどうくさい」「どうでもいい」という投げやりな言葉をあげていた。グループ活動への参加についても、そのような意識が働いているのかも知れない。

　(9)　「**態度⑨グループ活動でリーダーになる**」
【男子36.6%　女子43.5%　割合差6.9ポイント】
　⑦⑧と関連する、グループ活動への参加状況を問う項目である。ここでは、リーダーとしてグループをまとめる態度が見られるかどうかを問うている。

男女共に50％を切る数値で、リーダーシップを発揮したがらない様子がうかがわれる。男女差は⑦に次いで小さい。ここからは、②発表の声が小さく、⑥指名されると黙ってしまう傾向の女子が、グループという小集団であるからか、世話役のような形でがんばってグループをまとめようとする姿が見えてくる。学年毎の割合を見てみよう。

表10 「グループ活動でリーダーになる」学年毎の割合

	1年	2年	3年	4年	5年	6年
男子	40%	33%	36%	45%	39%	36%
女子	25%	52%	55%	34%	50%	48%

表10によると、男子の方が優位なのが1年と4年で、2・3・5・6年は女子の方が優位である。学年による数値の変化はなく、全般的に、グループでは女子がリーダーとなる傾向が見られるということである。ただし、この場合のリーダーは、必ずしも目立つ存在としてではなく、司会を指名したり発言を促したりという形で、いわば陰のリーダーということも考えられる。

3 「能力」各項目についての検討

(1) 「能力①文字がきれい」

【男子1.2％　女子92.3％　割合差91.1ポイント】

男子と女子の割合差が91.1ポイントで、本調査中、もっとも大きな男女差が見られた項目である。学年毎の割合を見るまでもなく、全学年が圧倒的に女子の優位を示している。なぜ、女子は文字がきれいで男子はそうではないのか。それはおそらく、女子が文字をていねいに書くからであろう。後に取り上げるが、「⑨問題を解くのが早い」のは、46.8ポイントの差をつけて男子が優位である。男子は活動的で落ち着かない傾向があるとも考えられる。原因はいろいろと考えられるが、男子も文字をていねいに美しく書くような指導が意識的になされなければならないだろう。

(2) 「能力②漢字力（読む・書く）がある」

【男子10.1％　女子75.6％　割合差65.5ポイント】

男子と女子の割合差は65.5ポイントで、これも大きな差を示し、女子の優

位を明らかにしている。①と同じく、学年割合も、全学年を通して女子が圧倒的に優位である。漢字の習得には、漢字の読み書きを意識的に行い、反復して使いこなすようにする必要がある。おそらく男子は反復練習が得意ではなく、女子のように地道に習得することをしないのであろう。

　漢字力は語彙力でもある。後述の「⑦語彙が豊かである」の結果から見ると、女子の漢字力も男子との比較の上での数値であり、十分とは言えないものかも知れない。

(3)　「能力③音読が上手」
【男子22.0%　女子65.4%　割合差43.4ポイント】

　音読は、適正な声量、速度で、まちがえたり、つっかえたりせずに読むことが基本である。女子の数値が65.4%にとどまったのは、「態度②発表の声が小さい」と関連して、声量が足りないのかも知れない。男子を認める数値も全学年で20%台となっている。音読には、強弱や間のような技術も必要で、朗読へとつなげていかなければならない。

(4)　「能力④文学教材が好き」
【男子9.8%　女子74.0%　割合差64.2ポイント】

　この項目は、「⑩文学教材の読み取りが深い」と「⑪人物の心情が想像できる」に関連する項目である。いずれも女子の方が優位である。文学教材が好きということは、物語の読みになれていて、虚構を楽しむことができるということである。男子と女子とでは、読書傾向が異なっているのかどうか、読書歴を比較する必要がある。それは今後の課題である。

(5)　「能力⑤説明文教材が好き」
【男子52.0%　女子27.6%　割合差24.4ポイント】

　男子の方が優位である。説明文教材は、内容が科学的であったり論理的であったりするので、④の文学教材とは対比的な結果として、男子が優位になったのであろうか。しかしながら、52%という数値は決して高いわけではなく、男子と読解力という点で、説明文が可能性を感じさせるという程度の結果であろうか。

(6)　「能力⑥作文の文字数が多い」
【男子5.3%　女子84.6%　割合差79.3ポイント】

女子の方が圧倒的に優位である。作文の文字数が多いということは、書くことがあるという内容の問題と、書くことができるという表現の問題である。男子は作文を面倒くさいという傾向があり、表現のおもしろさを感じていないのかも知れない。書くことになれていくことから始める必要があるのではないだろうか。

(7) 「能力⑦語彙が豊かである」
【男子16.3%　女子68.7%　割合差52.4ポイント】

語彙が豊かであるということは、国語学習にとってきわめて大事なことである。理解力も表現力も、語彙が支えとなっているからだ。「男子は口（話すようになること）が遅い」とか「女子は口が達者だ」ということを聞くことがあるが、それも語彙力に関することが大きいと思われる。学年毎の割合を見てみよう。

表11「語彙が豊かである」学年毎の割合　　　　　　　　　　P：ポイント

	1年	2年	3年	4年	5年	6年
男子	13%	13%	21%	26%	8%	12%
女子	63%	70%	76%	63%	81%	69%
割合差	50P	57P	55P	37P	73P	57P

表11によると5年の割合差が突出していて、73ポイントとなっている。女子の圧倒的優位を認めている。学年毎に差が拡大する、縮小するということはなく、1・2年と6年で同じような数値となっている。

(8) 「能力⑧本を読むのが好き」
【男子16.3%　女子61.0%　割合差44.7ポイント】

この項目も、⑦と同様、国語学力の基礎を支える読解力と関連している。「本を読むのが好き」で、日頃から本を読む習慣があれば、それだけで読解力はついてくるものだ。この項目では「本を読むのが好き」かどうかを問うているが、好きということであれば読書量も多いと予想される。女子が男子に比して多くの項目で優位な原因の一つは、読書好きということにあるものと思われる。

(9)　「能力⑨問題を解くのが早い」
【男子65.9％　女子19.1％　割合差46.8ポイント】
　男子が優位である。「問題を解くのが早い」ということは理解力、解決力があることを予想させるが、正確さについては不明である。どちらかというと熟考が苦手だということも考えられる。しかしながら、「早い」ことも評価されるような緩急つけた学習の工夫が求められるであろう。

(10)　「能力⑩文学教材の読み取りが深い」
【男子17.1％　女子64.2％　割合差47.1ポイント】
　なにをもって「深い」と言うのか、考えることは各人各様であろう。情景の想像や、人物の心情想像、状況理解、ストーリー展開のおもしろさの把握などが考えられる。④「文学教材が好き」と関連している項目で、やはり女子の方が優位となっている。

(11)　「能力⑪人物の心情を想像できる」
【男子19.9％　女子61.8％　割合差41.9ポイント】
　⑩と関連する項目である。文学教材の読みに関しては、圧倒的に女子が優位ではあるが、全体で約20％の教師が男子を支持していることは見逃せない。学年毎の割合を見てみよう。

表12「人物の心情を想像できる」学年毎の割合　　　　　P：ポイント

	1年	2年	3年	4年	5年	6年
男子	8％	11％	30％	20％	33％	19％
女子	60％	63％	64％	63％	61％	69％
割合差	52P	52P	34P	43P	28P	50P

　表12によると、3年・5年の割合差が小さい。他はほぼ同じような数値である。男女差は明確であるものの、女子についてもすべて60％台で、心情の想像について、女子が特別な能力をもっているとは言いがたいであろう。

(12)　「能力⑫感想文が上手」
【男子8.9％　女子77.2％　割合差68.3ポイント】
　68.3ポイントという割合差は小さいとは言えない。男子を支持する教師が全体で10％に満たない。「④文学教材が好き」や「⑥作文の文字数が多い」

と関連する項目だが、「⑩文学教材の読み取りが深い」「⑪人物の心情を想像できる」の数値から見ると、男子の場合、読むことより、どちらかというと書くことに問題があるのかも知れない。

⑬ 「能力⑬あらすじや概要をとらえることができる」
【男子23.6%　女子57.7%　割合差34.1ポイント】

文章の全体をとらえる能力を問う項目である。割合差が34.1ポイントで、男女差は比較的小さい。学年毎の割合を見てみよう。

表13 「あらすじや概要をとらえることができる」学年毎の割合　　P：ポイント

	1年	2年	3年	4年	5年	6年
男子	18%	17%	27%	20%	33%	29%
女子	50%	59%	33%	66%	61%	55%
割合差	32P	42P	6P	46P	28P	26P

表13によると、2年・4年の割合差がが40ポイントを超えているが、5、6年は20ポイント台である。3年は6ポイントで、男女差がほとんど見られないと言っていいだろう。この項目に関しては、女子への支持率が低く、文章把握に関しては、女子の能力も評価されていないと見て取れる。

4　調査結果の考察と今後の課題

この調査は、再確認になるが、実際に小学生の態度や能力を測定したものではない。教師が国語学習の中で感じている男女差である。したがって、たとえば「態度①積極的に発言しようとする」という項目については、学習中に発言を求めて挙手をする回数を数値化したり、「能力①文字がきれい」という項目については、ノートをチェックしたりして導き出した結果があるとすれば、それとは異なる可能性もある。しかしながら、日常的に子どもと接し、子どもの特徴を体験的にとらえている教師の感覚は信頼できるものである。それも個別の感覚では心許ないが、多数の回答を集計することによって、教師のとらえる男女差が見えてきたと言っていいだろう。

男子の優位性が認められた項目は、「積極的な発言」「適正な発表の声」「教師への積極的質問」「指名されても黙らない」「説明文教材が好き」「問題

を解く早さ」の6項目である。それに対して、「文字のきれいさ」や「漢字力」、「作文」に関しては問題が大きい。

　一方、女子については、おおむね優位であるととらえられたが、「積極的な発言」「発表の声」などに問題がある。

　ここまで、学習における男女差について考察してきたが、この調査の目的は男女差を肯定することにあるのではない。むしろ、学習における先天的な男女差については否定的な立場に立つものである。

　教師の多くは、日常の学習の中で男女差を意識することは少ないであろう。今回の調査においても、男女差はないと断言する教師も少なからずいた。それにもかかわらず、観点を示して調査をした結果、明らかな男女差が浮かび上がった。原因は多様で複雑であろうが、学年が上がるにつれて男女差が大きくなるということはなく、1年生から既に6年生と同じような結果が出ていることからすると、小学校入学以前の生育歴に問題があるとも考えられる。また、小学校においても、改善のための指導が意識されていないことが見て取れる。この現実を受けとめ、小学校において、学習における男女差を認識することから始め、それを縮小すべく指導のあり方を問題化する必要があるのではないだろうか。

　女子は、「積極的な発言」や「適正な声で発表できる」ように、また、男子は、「きれいな文字」や「長い作文」が書けるように、それぞれの問題点を克服するような指導が求められるのだ。目標は、男女差の解消である。弱点を持つ方を、意識的な指導によって向上させることを目指すべきである。

② 読み書き能力における男女差

1　21世紀の教育課題として

　「読み書き能力」に男女差はあるのか——学校現場ではしばしば「男子は作文が苦手だ」とか「漢字学習のような反復練習は女子の方が得意だ」とか「女子の方が語彙が豊かで理屈が言えるから男子は口でかなわない」とか、言語能力の男女差に関する話を耳にする。教師の経験から、あるいは通説から、学力や態度の違いを性差に求める声である。いったい、本当に話したり書いたり読んだりする学力に、またそれに取り組む態度に、男女差はあるのだろうか。そのことを確かめなくてはならない。

　国語の学習において、男女差を否定することはできないのではないかと思わせる調査結果がある。それは、先年実施したコミュニケーション能力の調査で、そこでは男女の違いは数値となって表れた（注1）。しかし、それが学力なのか、態度なのか、傾向なのかは未だ不明である。

　これまでのわが国には、〈男女差があるという感じ〉を科学的な根拠をあげて実証したという例は、ほとんどない。〈感じ〉は予断や偏見から生まれたものかも知れないし、また、さらなる予断や偏見を生み出すものとなっているかも知れない。その点、数値が示すものは、それが絶対のものでも真理でもないかも知れないが、少なくとも〈感じ〉といったあやふやなものではなく、科学的、実証的に明らかにしようとした客観性をもつはずである。数値が明確にすることができる男女差は限られたものでしかないだろうが、その数値は「男は…」「女は…」といった内なる根深い固定観念を映し出す鏡となると思われる。

　この研究の本来の目的は、「読み書き能力における男女の差異」を明らかにするところにとどまるものではない。目指すところは、現実に男女差があるのであれば、予断・偏見・通説にとらわれることなく、それを克服するところにある。世の中は男女共同参画社会の実現に向かって進みつつある。そのためにはだれもが深く浸透している社会的性別役割観から解き放たれなければならない。「男女共同参画社会基本法」を引くまでもなく、ジェンダー

からの解放、その動きに対応することは21世紀の教育課題である。ことに、言葉に関わる国語教育は、そのことをもっとも重要な課題の一つとして自らに課さなければならない。なぜなら、ジェンダーは言葉と深い関わりをもって歴史の中に定着してきたからだ。「読み書き能力における男女の差異」を明らかにすることは、21世紀の教育課題への取り組みの第一歩なのである。

国語教育が担う具体的な取り組みとして、以下に3点示すことにする。

①教材を中心にした取り組み……教材におけるジェンダーを問題にし、その教材が性差をどのような言葉で規定しているかを明らかにする。さらに、ジェンダーへの認識を深め、それを克服していく契機となることができる教材を開発する。

②言語を中心とした取り組み……男言葉・女言葉のような、主として話し言葉における性差の問題、あるいは「男まさり」「女の腐ったような」「女のくせに」といった性差別意識のすり込みを進めるような言葉の問題を明らかにする。

③読み書き（リテラシー）を中心にした取り組み……読み書き（リテラシー）における男女の差異、あるいはその傾向、また、広く学習態度や評価のあり方における男女の差異などに関して、実態を踏まえて実証的に明らかにする。

以上3点のうち、今回は研究を③にしぼり、読み書き能力を男女の差異という点において明らかにすることを目指す。そのための方法として、戦後の読み書き能力と男女差に関わる調査研究を取り上げ、それを考察することにする。

2　「学力調査」等における男女差研究

戦後のわが国の学力調査は、性差の問題はほとんど取り上げてこなかった。学力調査として古い資料から並べてみると、1950（昭和25）年の「福島県教育委員会による学力調査」、1955（昭和30）年の日本教職員組合学力調査委員会による「国語の学力調査」、1956（昭和31）年度からの文部省による小学校および中学校「全国学力調査」となる。年度的には重なるが、1963（昭和38）年度からの東京都立教育研究所による小・中学校の「学力調査」もあ

る。しかしながら、ここにあげた学力調査に関しては、都市と地方、あるいは地方間の格差についての考察はあるが、男女別データをとっていないため、男女の学力差を確認することはできない。

　男女別データがないのは、昭和20年代から40年代にかけて男女に学力差はないと考えられていたのか、あるいは学力差は認めてもそれが問題とならなかったのか、その理由は推察の域を出ない。しかし、これまで男女間の差異がまったく問題にされてこなかったわけではない。数は少ないが、いくつかの資料には男女別データを見出すことができる。

【資料1】日本教育学力調査委員会『中学校生徒の基礎学力』（城戸幡太郎・海後宗臣責任編集　東京大学出版会　1954）

　576ページ中わずかに1ページではあるが、男女の学力差について触れた部分がある。以下にその部分を抜粋する。

　　　学力の個人的要因としては男女による性差が考えられる。本調査研究のテストの結果からは男女の平均学力は一般に男子が優れている。しかし、問題によっては男女の差が認められないもの、むしろ女子の優れているものもある。（中略）要するに、学力の男女差は、平均学力から見れば、女子は男子に劣っている一般傾向を示すのであるが、それがはたして、性差に本質的に依存するか否かは疑問である。男女別の個人得点分布でも、僅かの部分がズレているにすぎず、大部分の分布面積は重複しているから、個人的にいえば、女子で男子よりも優れた学力を示すものも多いのである。

　　　また、上記の如く、問題によっては平均的学力で女子が男子よりも優位を示すものであって、性差による学力差は、本質的なものでなく、生活経験上の差や、それらとの関連においての学習の条件や指導の方法からの検討・考察を行ってみなければならない。

　「学力の個人的要因」として性差をあげているところに注目したい。個人を性別というカテゴリーに分類して両性を比較し、男女差という傾向を導き出す性差研究が主流であるのに対して、ここでは、個別の学力を問題としながら、その要因に性を見ようとする視点を示している。本文は結局「平均学力から見れば、女子は男子に劣っている一般傾向を示す」という傾向把握に

終わってしまっているが、ここに示された視点は意味をもつものだと思われる。つまり、学力における性差研究は、その目指すところは個の学力向上にあるのだ。「性差に本質的に依存するか否かは疑問である」から調査研究をし、もし、依存するならそれに対処しなければならない。それが、この研究の目的であり意義なのである。しかしながら「性差による学力差は、本質的なものでなく」という点については問題がある。つまり、肉体的性差は学力差に関わる「本質的なもの」ではないとし、むしろ「生活経験上の差」にその要因を見出そうとしているのだが、「生活経験上の差」を生み出す大きな要因が性差なのである。「生活経験上の差」は、まさにジェンダーに当たるものと言っていいだろう。だから、これとの関連で「学習の条件」「指導の方法」を「検討・考察」するというのは、「性差による学力差」を明らかにしていくことになるのである。わが国の心理学の分野でさえ、性差研究が本格的に始められたのは戦後のことである。学力調査において男女別データをとったこと自体、意味のあることであった。しかしながら、「性」というものが肉体的なものとしてしかとらえられず、今日のように社会的につくられた性、すなわちジェンダーという認識がもてない中では、青年心理学研究が陥っていたように、性差＝ホルモンの差ということにならざるを得なかったかも知れない。そういう意味では、性差研究は、ようやく今日それが根づく土壌が耕されたところだと見るべきであろう。

【資料2】国立国語研究所『小学校中学年の読み書き能力』（秀英出版1958）

　この調査は、大きく「読む能力」「作文能力」「文字能力」「語い能力」「文法能力」「読書生活」の6項目に分類されている。そして「読む能力」に関しては、「黙読理解の発達」「読書速度の発達」「音読技能の発達」「読みにおける眼球運動」の4項目について調査がなされている。また、事例的研究として、男女各1名ずつ、こまかなデータをもとに「読む能力」の分析とその要因が考察されている。以下、男女差について触れている部分について引用してみよう。

　・この時期（筆者注：小学校4年生の1学期）において女子の読みの方が慎重だということはいえるのではあるまいか。（「黙読理解の発達」）

・読みちがい、内容理解、それから会話の読みを加えて音読点数をとったところ、(中略)女子も劣ってはいないという結果が出た。(中略)特に会話のところを会話らしく読むという表現的な読みというか、そういう点では、女子の方がずっとすぐれていた。ただ女子には声の非常に小さくてよく聞き取れないような読み方をする者が2名あった。(「読書速度の発達」)
・3種の文章による実験で、男子がどの実験でも、女子よりすぐれている技能がある。(筆者注：技能として、停留数逆行数・不適応凝視数・停留時間・読字数を調べ数値化したもの)それは、停留時間が少ない。(筆者注：理解度が高い)逆に、女子がどの実験でも、男子より優れている技能は、〈逆行数が少ない〉ことである。文章を正確に、文字をおって知覚していっている証拠である。女子の停留時間がいつも男子より長いというのは、このことをさらに裏書きしている。つまり、女子は文章を読むとき、正確に、ゆっくりと文字群を知覚する傾向がある。これは、女子のパーソナリティからおこるのであろうと、大まかに断定しておく。(「読みにおける眼球運動3、男女による眼球運動の差」)

　この調査で、女子がすぐれている点としてあげられたのは、①音読の表現力、②黙読における確実性であり、逆に問題点は、①声が小さい、②読みに時間がかかるである。男子についてすぐれている点は、①速く確実に読むということである。しかし、ここでは女子に焦点を当てて、学習におけるその特質を明らかにしようとしている。つまり、女子は、文章を読む場合、時間をかけて、ゆっくり、読みまちがいのないように慎重に読むということである。本文ではそのことを「優れている」点として評価し、また、その特性を「女子のパーソナリティ」ととらえている。ここで行ったような実験的な調査・研究で明らかになるのは事実であって、なぜそうなのかといった原因や要件まで明らかにすることはむずかしい。にもかかわらず、その事実に「女子のパーソナリティ」という定義づけをしてしまうと、単なる傾向にすぎなかったものが本質的なものにすり替わってしまう危険性がある。「大まかに」と言いつつ「断定」と言っている以上「女子のパーソナリティ」自体を明確化せずにはすまないだろう。国立国語研究所のプロジェクトで行った調

査ということで、かなり古いものではあっても権威を持つ可能性があると判断し、問題点として示しておきたい。

【資料3】田近洵一編著『子どものコミュニケーション意識』（学文社 2002）、および牛山恵「小学生・中学生・高校生のコミュニケーション意識に見られる男女の差異」（『国文学論考』都留文科大学 2002）

この調査報告は、早稲田大学教育学部・田近研究室が「話すこと・聞くことに関するアンケート」として平成12年度に実施したものを分析・考察を加えてまとめ、報告したものである。筆者はこの調査・研究に学外から参加し分析・考察に加わった。その後、調査結果を男女差の視点からあらためて分析し直したものを『国文学論考』に発表した。

調査結果に明らかな男女差が見られた項目はいくつかあるのだが、中でも著しい2つの項目について取り上げてみよう。

①「何かを相談するとき、どのような手段を使うと相談しやすいか」
　　回答に「手紙を書く」をあげた男子は、平均で4.3％であるのに対して、女子は47.6％である。10倍以上の数値を示している。また、Eメールも、どの学年においても、女子が男子をはるかに上回っている。

②「親しい友達がよくないことをしていたらどうするか」
　　男子は、どの学年も「誰かがその友達に言うのを待つ」という回答が女子を上回っている。それに対して、女子は、「他の友達に相談してみる」が多く、どの学年も男子を上回っている。

アンケート調査の結果においては、言語を媒介としたコミュニケーションのとり方の上では、いくつかの項目で男子と女子との間に明らかな差異が見られる。

以上の資料で根拠づけることには少し無理があるかも知れないが、言語に関する能力および意識の上で、男女差があること、あるいは言語による人との関わり方に男女別の傾向が認められるのは事実のようである。今日、男女差をより明確にするための調査がさらに必要であることは言うまでもない。

【資料4】文化庁『国語に関する世論調査　日本人の言語能力を考える』
　　　　（財務省印刷局　2002）

文化庁文化部国語課は、全国の16才以上の男女3,000人を対象に、国語に関する世論調査を行い（平成14年1月実施）、その結果を『日本人の言語能力を考える』で報告した。調査項目は「(1)国語の大切さや『美しい日本語』についての認識、(2)日本人の日本語能力、(3)言葉遣いなど言語生活の実態」など22項目にわたっている。

　この調査を男女差の観点から眺めてみると、いくつかの興味深い問題が浮き上がってくる。以下に問題を示す項目について取り上げてみる。調査対象となった男女についての内訳は、各項目毎の回答者数によって変動があるため、その都度示すことにする。また、男女差については、数値に10％前後以上の開きがあった場合を取り上げることにする。

(1)　Q1―日本語の大切さに関する意識

　「あなたは、毎日使っている日本語を大切にしていますか、それともそうはしていませんか」〔回答者：男685人、女829人〕

　この問いに関しては、男女共70％が「大切にしている」と回答している。男女差が見られるのは、その理由を問う付問に関してで「日本語は日本の文化そのものであり、文化全体をささえるものだから」（男46.0％、女38.0％）と、「日本語は美しい言葉だと思うから」（男21.9％、女30.5％）である。男性が文化的側面に対して価値意識をもって評価する傾向をもつのに対して、女性は言語の感覚的側面に対して美意識をもって評価する傾向にあることがわかる。

　「大切にしていない」と回答したのは男女共に100人を切るが、その理由としてあげられた「日本語は漢字や敬語があってわずらわしいから」（男4.8％、女16.7％）と男女差が見られた。このことは、男性の方が漢字や敬語の使用にすぐれていてわずらわしさを感じないでいられるからなのか、それとも、女性が漢字や敬語の使用にを重視するためにかえってわずらわしさを感じるからなのか、この調査では明らかではない。

(2)　Q4―慣用句等の使用

　「あなたは、ここに挙げた(1)から(10)の言葉を使うことがありますか。また、意味が分かりますか」〔回答者：男1007人、女1185人〕

　この項目については、「けんもほろろ／いたたまれない／水ももらさぬ／

つとに／とみに／おもむろに／心もとない／言わずもがな／よんどころない／ゆゆしき（ゆゆしい）」といった10の言葉が示され、それについて「使う、使わないが意味は分かる、使わないし意味も分からない、分からない」の選択肢から回答するようになっている。男女差が顕著に表れたのは、これらの言葉を「使う」という回答に関してで、結果は以下の通りである。

言　葉	男	女
いたたまれない	52.9%	62.9%
水ももらさぬ	32.9%	19.3%
おもむろに	57.0%	45.2%
ゆゆしき	25.6%	13.6%

「水ももらさぬ」は「水ももらさぬ警備」、「おもむろに」は「おもむろに立ち上がった」という使用例が示されていることが関係したのか、男性の使用が女性の使用を上回っている。「ゆゆしき」も男性の使用が多いが、いずれも日常的に使用頻度の高い言葉ではなく、どちらかと言えば硬い表現と言える。

一方、「いたたまれない」は女性の使用が男性を上回っているが、この言葉が「場」もしくは「関係」の中で起こる感情について使われる言葉であることを考えると、そこには、女性の、その場に居続けることのできないような心理的につらいコミュニケーション体験の反映、さらにまた、そのような心理的なストレスをもちながら人間関係を維持しなければならないコミュニケーション意識の反映が見られるのではないかと推察される。

(3)　Q5・Q6―言語生活と情報媒体（受信・交信）

Q5「あなたは、毎日の生活に必要な情報を何から得ていますか。利用することの多いものを三つまで挙げてください」[回答者：男1007人、女1185人]

この問いで男女差が明らかだったのは「ちらし・ビラ」（男11.8%、女23.3%）である。その他の「テレビ、新聞、本」などにおいては差が見られなかったことから、女性は「ちらし・ビラ」から、おそらくは買い物情報などの生活に関する情報を得ていると推測される。

Q6「あなたは、毎日の生活で、人とやりとりをするとき、どのような

方法を用いていますか。この中から三つまで挙げてください」〔回答者：男1007人、女1185人〕

交信の媒体に関して男女差が見られたのは「携帯電話」（男44.0％、女30.8％）と、「手紙・はがき」（男20.4％、女28.3％）、「携帯メール」（男14.5％、女20.2％）、「電子メール」（男12.1％、女5.9％）である。この場合、交信の目的が明らかではないのではっきりしたことは言えないが、私的交信か職務上の交信かによってその手段も変わるはずである。

(4) Q8―外来語の認識

「あなたは、ここに挙げた(1)から(10)の言葉を聞いた事、又は見たことがありますか。その意味が分かりますか」〔回答者：男1007人、女1185人〕

言　葉		男	女
インタラクティブ	ある	25.2％	15.4％
	わかる	13.0％	5.7％
ジェラート	ある	42.1％	53.2％
	わかる	31.0％	42.8％
アロマテラピー	ある	59.5％	70.8％
	わかる	46.1％	60.3％
ネゴシエーション	ある	31.1％	15.5％
	わかる	22.4％	8.1％
ＩＴ	ある	88.2％	78.8％
	わかる	74.6％	57.4％
ＤＶＤ	ある	75.0％	66.5％
	わかる	63.6％	51.6％

男女差が見られたのは、上の表のように、「ジェラート」「アロマテラピー」のような日常生活に関わりある言葉は女性に認知され、「インタラクティブ」「ネゴシエーション」「ＩＴ」「ＤＶＤ」のように機器に関するものやビジネスで使われる用語は男性に認知されているという傾向がある。

他に、「ソムリエ」「トリートメント」「インパクト」「リーズナブル」があげられているが、それらの言葉に男女差はほとんどない。

(5) Q14―日本語能力向上のための方策

「あなたは、今後、ご自分の日本語能力を向上させていくために、どのようなことをしたいと思いますか。この中からいくつでも挙げてくださ

い」［回答者：男1007人、女1185人］

　この項目に関しては「もっと読書に親しむようにする」「手引き書などを参考にして、正しい敬語や言葉遣いを心懸ける」など9つの選択肢が設定されているが、男女差が顕著だったのは「できるだけまめに手紙や日記などを書くようにする」（男25.0％、女38.8％）である。「Q6」の「言語生活と情報媒体」の項目で、交信手段として「手紙・はがき」の選択が「男20.4％、女28.3％」となっていることに重なる。

　(6)　Q16・Q17―美しい日本語、心と心を結ぶ言葉
　Q16「あなたにとって『美しい日本語』とはどのような言葉ですか。あなたのお考えに近いものをこの中から三つまで挙げてください」［回答者：男829人、女1029人］

　この問いは「『美しい日本語』というものがある」と回答した場合への付問である。「あると思う」と回答したのは、「男82.3％、女86.8％」で、女性の方がやや上回っている。男女差が顕著だったのは「思いやりのある言葉」（男60.3％、女68.2％）、「あいさつの言葉」（男38.4％、女48.4％）である。「Q1」の付問で、日本語を大切にしている理由に「美しい言葉」をあげている女性が30％いたが、その美しさを「思いやり」や「あいさつ」など、人間関係に関わるものと見ていることがわかる。男性以上に女性は、言葉を人間関係を作るものとして認識していると推測される。

　Q17「あなたはどのような言葉に出会ったとき、人と人とが言葉を交わす喜びや、心と心を結ぶ言葉の大切さを感じますか。この中からあなたのお考えに近いものを三つまで挙げてください」［回答者：男1007人、女1185人］

　この問いに、男女共55％程度が「地域や職場での気持のよいあいさつ」をあげているが、男女差が顕著だったのは「母親が赤ちゃんに優しく語り掛けるのを聞くとき」（男19.5％、女30.5％）である。30～40代が多いので、母親としての育児経験が反映していると思われる。

　(7)　Q18―言葉遣いの心掛け
「あなたが日ごろ言葉遣いで心掛けていることはどんなことですか。この中からいくつでも挙げてください」［回答者：男1007人、女1185人］

この問いに設けられた選択肢は「自分が言われていやなことは人には言わない」「相手や場面に応じて敬語を使う」など10項目にのぼる。それらのうち、男女差が顕著だったのは、「自分が言われていやなことは人には言わない」（男59.0％、女75.8％）である。女性の75.8％がこれを選択しているということは、「Q16」で見たように、女性は言葉を人間関係を作るものとして認識し、そこに気づかいを見せていることがわかる。では、人間関係と言葉ということで待遇表現に関してはどうかというと、「相手や場面に応じて敬語を使う」については、「男58.9％、女57.2％」が選択している。むしろ男性の方が多いくらいだが、男女がそれぞれどのような人間関係の中で敬語を使うのかが明らかではない。次にあげる選択などから総合的に見て、男性が敬語を使用するのはどちらかというと公的な人間関係の中ではないかと推測される。それは、「だれに対しても自分からあいさつする」（男29.7％、女41.9％）に見られるように、女性による人間関係の認識は男性より広く、上下関係にこだわらない傾向がうかがえるからである。また「汚い言葉遣いや下品な表現は使わない」（男29.7％、女40.3％）には、「Q１」の回答に30％の女性が「日本語は美しい言葉だと思うから」をあげたことが重なるだろう。

(8) 日本語の国際化

　「Q19」以下「Q22」までは、日本語の国際化の問題、国内における外国人との会話の問題などが問いとして設定されている。回答にはほとんど男女差が見られないが、「日本国内で外国人から話しかけられた時の対応」に関して、「主に日本語で応じた」（男38.5％、女49.7％）という回答に男女差が見られる。

【資料５】「日本語力測定試験」結果に見られる男女の差異

　「平成15年度　高等学校版日本語力測定試験」（注２）は、聴き取り問題35問、読み取り問題65問、計100問の出題によって日本語に関する能力を測定しようとするものである。このうち、読み取り問題65問を取り上げて、そこにどのような男女差が表れているかを検証してみる。

(1) 男女差を見る

　65問の正解率を見てみると、男子が女子を上回ったものは22項目である。中でも目につくのは「漢字の音訓」と「熟語の構成」が４問中４問とも男子

優勢であることだ。「反復練習が苦手な男子は漢字が定着しない」という通説を覆す結果となった。その他、「表の読み取り」についても３問中３問とも男子が女子を上回っている。内容はスポーツセンターの利用法を示した表の読み取りで、利用券の購入の仕方や料金の計算の仕方を問うものとなっている。文章表現というよりは数値で示された情報を、うまく活用する能力が問われる問題だ。高校生男子の生活実態が明らかにされているわけではないが、情報活用は女子よりも男子にとって現実感をもっているのではないだろうか。

　65問中43問は、男子より女子が優位に立っている。国語は女子の方が強いという通説を肯定するような結果である。中でも特徴的なのは「敬語」で、男子を圧倒する強さである。また、「書くこと」として設定されている「50」以降は16問中13問までが女子が男子を上回っている。

　(2)　大きな男女差（５％以上）の認められる項目を取り上げる

3　仮名遣い	7　漢字の音訓	8　漢字の音訓	10　熟語の構成
15　表の読み取り	23　連用修飾	32　品詞	37　部分の読み取り
40　内と外	41　敬語	42　敬語	43　敬語
44　敬語	45　敬語	46　敬語	47　敬語
48　敬語	49　敬語	50　擬態語	51　慣用句
54　常体と敬体	55　主述の呼応	57　並列	58　副詞の呼応

※下線は女子が優位な項目

　これらのうち、男女差にもっとも大きな数値を示した項目は「54　常体と敬体」で、男女合わせた正解率が29.9％で決して高くはないが、「男子23.3％、女子35.7％」でその差は12.4ポイントである。問題は「表現が整っているのはどれか」というもので、以下の４肢からの選択になる。

　　１　今日は、月曜日です。朝会があった。
　　２　校長先生のお話は、おもしろかった。友達と大笑いしました。
　　３　山田君は、風邪で休みだ。熱も出たということです。
　　４　昨日からのどが痛い。病院に行った。（正解）

常体と敬体が混在しているかどうかを問う問題だが、「表現が整ってい

る」とはどのようなことかわかりにくいため、正解率が低くなった可能性がある。誤答としては「3」が多く、男子は3割が「3」を選択している。

　他に「40　内と外」も大きな数値を示している。男女合わせた正解率が62.5％で平均的であるが「男子57.6％、女子66.7％」で、その差は9.1ポイントである。問題は「先生と姉が図書館で偶然会ったことを、小学校六年生が『先生、図書館で私のお姉さんに会ったそうですね。』と尋ねるとき傍線部のふさわしい言い方はどれか」というもので、「お姉さん」を「姉」に、「会った」を「お会いになった」とすれば正解になる。男子の誤答で多いのは「お姉さんに会われた」で、「姉」という表現の定着が不十分だと考えられる。

　「15　表の読み取り」は、(1)で取り上げたが、男子が女子を大きく上回った項目である。

(3) 「40～49敬語」の問題を考察する

　「敬語」の問題は、敬語の正しい使い方を問うもので、「ある・いる・おる」の使い分けや「知る」の敬語表現を問う設問である。「知る」の敬語表現に関しては男女共に正解と誤答が接近していた。設問は「高校生が顧問の先生から『コーチをしている先輩を知っているか』と尋ねられたときの応答として、最もふさわしいのはどれか」というものであり、「知っています」「存じております」「分かっております」「知りなさっています」の4肢から正解を選択するのである。女子は正解の「存じております」がもっとも多かったのだが、男子は「知っています」を選択したものが正解よりも5％ほど多かった。顧問の先生との関係が、丁寧語を使えば十分であるという認識になっているのかも知れない。

　以上、諸調査における男女差の問題について概観したわけだが、紙面の都合上5編の資料に限定せざるを得なかった。このほかに取り上げるべき資料として、都留文科大学国語教育学ゼミの平成14年度研究『読み書き能力における性差の問題　GENDERED　LITERACY』におけるアンケート調査結果や、性差心理学を中心とした心理学の立場からの研究、『教育白書』等に収載された学習に関する児童・生徒の実態調査など、手元に用意していたが、ここでは活用するに至らなかった。

ところで、上掲の調査・研究のうち、近年行ったものである田近洵一編著『子どものコミュニケーション意識』、文化庁『国語に関する世論調査　日本人の言語能力を考える』、日本語学研究所「日本語力測定試験」結果の３点から、きわめて鮮明に明らかになった事実がある。それは、コミュニケーションの媒体としての言葉への意識が女子と男子とでは大きく違っているということである。

　『国語に関する世論調査』において、女性の中に数値的には高いものではなかったが、「漢字や敬語のわずらわしさ」から「日本語を大切にしていない」と回答した者があった。その一方、「日本語力測定試験」で、女子は男子をはるかに上回る敬語使用能力を示した。敬語使用能力の高さは、女子が敬語の必要性を感じ、それを日常的に使用していることを示すものだ。しかし、その一方で、女性の中に敬語の使用にわずらわしさを感じる者がいることも明らかになった。では、男子はどうかというと、高校生の「日本語力測定試験」では敬語使用が定着しているとは言いがたい結果だったにもかかわらず、『国語に関する世論調査』では「相手や場面に応じて敬語を使う」ことを心掛けている男性が60％もいることが明らかになった。男性にとって、敬語の必要性は社会人になってはじめて現実味を帯びてくることが推察される。また、美しい日本語として「思いやり」や「あいさつ」をあげる女性は、必ずしもその言葉から想像されるあたたかな人間関係を築いているわけではないということが、「いたたまれない」という言葉を使う者が半数以上いることからも明らかになった。また、『子どものコミュニケーション意識』に見られるように、女子の90％は「悩みを打ち明ける相手」をもちながら、同時に80％が「自分の話をわかってもらえないと思ったこと」があり、30％が「自分と本当にわかりあえる人はいない」と感じている。そして、男子が50％なのにもかかわらず、女子は70％が「お互いに遠慮無く話し合」える関係を求めている。上掲の３つの調査結果からは、「いたたまれない」思いをするような心理的ストレスを受ける人間関係の中、敬語を使いこなすことで関係を円滑にしようと心掛ける現実を生きながら、「思いやり」をもち合い、遠慮なく話し合うことができるようなコミュニケーションを望んでいる女性の姿がくっきりと浮かび上がってくる。そこに、「強い」とか「たくまし

い」とか「自立している」とか形容されることが多くなった現代女性の、その実、生きにくいと感じているようすが見えてくるのではないだろうか。学力の問題を男女差という観点からとらえていく場合、調査の結果として表れた数値だけを問題にすることはあやまりであろう。その背景には男女差が生まれることになった歴史が厳然とあるのだ。学力は学習と切り離すことはできないし、学習は生活と切り離せない。性差の克服を最終目的とする研究であれば、学力の問題の中に、人間を見る目を失ってはならないだろう。ここにあげた調査はそのことをあらためて確認させるものとなった。

3　今後の取り組みへの提案

　国語に限定しないで教育全体の問題として見れば、カリキュラムの編成にあたっては、まずジェンダー・フリー教育を目標として、各教科での取り組みを検討すべきである。カリキュラムが男女同一であるということは大前提だが、それにとどまらず、『東京女性白書'97』（東京都　1997）が指摘するように「児童や生徒がジェンダーの壁を打ち破って科目に対して興味を深めるような工夫を行うこと」（「女子に理数系への興味を持たせるようなカリキュラムや授業での工夫」）も配慮されるべきだろう。たとえば、女子に対する理数系の科目についての手立て、あるいは国語科としては、文化系が苦手な男子に対する手立てが求められるということである。

　そのような例としては、男女平等を重視したカリキュラムの確立を目指しているニュージーランドの教育改革や、女子が科学技術分野に進むことを促進させるためにつくられたイギリスのプロジェクト、GIST（Girls into Science and Technology）などがある。いずれも、能力や傾向に男女差があることを認め、カリキュラムを「ジェンダー・フリー」の視点から見直し、学校が変わることで男女差をなくしていこうとする試みである。

　しかしながら、男子向け、女子向けに組まれた学習プログラムについては問題もある。マイラ・バースは、リテラシーのカリキュラムが男子向きに変えられたイギリスの例をあげて、そのことを批判している（「Gendered Literacy ?」『Language Arts』2000）。そのカリキュラムというのは、男子のリテラシーに関する成績不振を克服するために、教材や評価方法を男子向

けに変えたもので、そのような方法では、根本的な解決にはならないというマイラ・バースの指摘は重要である。

なお、すでに述べたことだが、その中でも、①「教材を中心とした取り組み」では、特に、人物の描かれ方や筆者の考えを言葉の面から問題にするようにし、②「言語を中心とした取り組み」では、日常会話、マスコミの言葉、辞書の解説などを取り上げて問題にするような学習を構想する必要がある。

私は、ここまで「男女別」「男女差」という言葉を、それが一般的であるから使用してきた。「女男別」「女男平等」などと言ったら、意味は同じなのに違和感を感じるであろう。差別と言語の問題がここにある。歴史が私たちの言語さえ差別的なものにしてきたのである。この問題にメスを入れるのは、国語教師としての務めではないだろうか。

本稿ではこの問題について十分に論じきれなかった。結論的に問題を指摘するにとどめて、他日を期すことにする。

[注]

注1　田近洵一編著『子どものコミュニケーション意識』学文社　2002
注2　日本語学研究所「平成15年度　高等学校版日本語力測定試験」による。

③ コミュニケーション意識に見られる男女の差異

はじめに

　人と対話する、会話する、話し合う、討論する、そして多数の前で発表する、そういう時に、男女の違いはあるものだろうか。違いがあるとしたら、そのことからどのような改善点が見出されるだろうか。そういう問題を抱えて、平成11年から12年にかけて、早稲田大学教育学部田近洵一研究室を中心とした調査研究「小学生・中学生・高校生のコミュニケーション能力の実態とその育成のための授業開発」に参加した。筆者も、11章「相談への対応に関する意識」―友だちの相談にうまく応じることができると思っているか、12章「コミュニケーションのあり方に関する意識」―どのように話したり聞いたりしたいかを担当したが、その研究とは別に、調査結果について男女差の視点から考察を進めた。それが本論である。

1　研究の目的

　本研究の基盤となった「小学生・中学生・高校生のコミュニケーション能力の実態とその育成のための授業開発」に関しては、研究代表者である田近洵一氏が、研究目的を次のようにしている。

　　　本研究は、ア、今日の子どものコミュニケーション活動の実態を、意識と能力の面からとらえて、その問題点を明らかにするとともに、イ、この問題と取り組んですぐれた成果をあげている現場の教師などの実践を掘り起こし、ウ、それらをふまえて、「自立と共生」の行為としてのコミュニケーションを回復するための糸口を、具体的な国語の授業のあり方の上に見出すことを当初の目標とした。

　本研究も、上記の目的からはずれるものではない。しかし、上記研究においては、「コミュニケーション意識に見られる男女の差異」は、研究課題として明確に取り上げられていなかった。そこで、本稿では、上記研究におけるアンケート調査結果のデータを男女差の観点からとらえ直し、その上で、今日の子どものコミュニケーション活動の実態を、意識と能力の面からとら

えて、そこにどのような問題があるかを明らかにしていきたい。

2 児童・生徒のコミュニケーションの実態に見られる男女差
―アンケート調査(注1)結果に見られる分析

(1) 話すことに関する自己意識に見る男女差

「話すことをどう思っているか」は、アンケートの設問の1つであるが、その結果について、男女差の観点から考察を加えることにする（次に掲げる表は、調査結果を男女差の観点から整理したものである）。

問2　同じクラスの人たちと話すことについてどう思いますか。			
(a)	男子	女子	計5,566人
ア　好き	1,325人（51.2%）	1,927人（66.8%）	3,302人
イ　まあまあ好き	934人（34.2%）	650人（22.5%）	1,584人
ウ　あまり好きではない	113人（ 4.2%）	112人（ 3.9%）	225人
エ　嫌い	48人（ 1.8%）	23人（ 0.8%）	71人
オ　どちらとも言えない	195人（ 7.3%）	163人（ 5.7%）	258人
(b)			
ア　得意	503人（18.7%）	552人（19.1%）	1,055人
イ　まあまあ得意	1,313人（48.9%）	1,431人（49.6%）	2,744人
ウ　あまり得意ではない	416人（15.5%）	423人（14.7%）	839人
エ　不得意（うまく話せない）	115人（ 4.3%）	91人（ 3.2%）	206人
オ　どちらとも言えない	242人（ 9.0%）	295人（10.2%）	537人
＊（a）(b)で、ウ、エ、オと回答した者　それはどうしてか（複数回答）			
	男子	女子	計
ア　自分の考えていることをわかってもらえないから	184人（ 6.9%）	167人（ 5.8%）	351人
イ　相手が何を言っているのかよくわからないから	117人（ 4.4%）	95人（ 3.3%）	212人
ウ　話をすることがめんどうだから	227人（ 8.5%）	133人（ 4.6%）	360人
エ　自分の考えや気持ちを伝えられないから	220人（ 8.2%）	292人（10.1%）	512人
オ　その他	615人（12.9%）	371人（ 9.1%）	244人

〈「好き・嫌い」に関して〉「好き」は、女子の方が15.6ポイントも上回っているが、「まあまあ好き」を合わせると、男子が85.4％、女子が89.3％と

なり、その差異は5ポイント未満となる。男女ともに「同じクラスの人たちと話すこと」に関しては、ほとんどの者が好んでいることがわかる。しかしながら、「好き」の数値が示すように、女子の方が積極的である。このことは「あまり好きではない」「嫌い」を合わせて、男子が6％であるのに対して、女子が4.7％であるという点からも、裏づけることができる。

　学年別に見てみると、中1を境に、わずかではあるが、男子の「好き・まあまあ好き」の数値が女子と比べて下降の度合いが大きく、高3では女子86％に対して、男子76.1％と、10ポイントの差が出てくる。このことから、学年が上がるにつれて、男子の方がクラス内で話すことに消極的になってくると言えるだろう。

〈「得意・不得意」に関して〉　すべての項目について、男女間で大きな差異は見られない。「まあまあ得意」が、男女共に50％近い数値を示し、「得意」を合わせると、男子67.6％、女子68.7％と、70％近い数値となる。また、学年別では、大きな男女差はないものの、高3男子に「あまり得意ではない」「不得意」と感じている者が30％以上いる。

　以上、(a) (b)の調査結果からは、男女共に、ほとんどの者が、同じクラスの人たちと話すことが好きで、話すことにまあまあ自信をもっていることが明らかである。しかしながら、「あまり好きではない」「嫌い」と回答した、男子6％、女子4.7％、あるいは「あまり得意ではない」「不得意」と回答した、男子19.8％、女子17.9％に関しては、数値は小さいながら、コミュニケーションについて拒絶的もしくは消極的であり、なぜそうなのかの理由を問わねばならない。

〈話すことに消極的な理由〉　(a) (b)で、それぞれウ・エ・オと回答した者は、男女共に理由として「エ」をあげた者が多い。「考えや気持ち」を言葉によって表現し、相手に伝えることのむずかしさを示すものとなっている。また、男子には「ウ」をあげた者が「その他」に次いで多く、「話をすることがめんどうだ」ということから、女子よりも男子の方がコミュニケーションに対して無気力な傾向が見られる。

(2)　話す相手に関する意識に見る男女差

　次の表は、悩みをうち明ける相手の有無に関する調査結果を、男女別に集

計したものである。

```
問3　悩みがあるとき、それをうちあけることのできる相手はいますか。
                              男子              女子            計
ア　はい               1,962人 (73.1%)    2,576人 (89.4%)   4,538人
イ　いいえ               690人 (25.7%)      288人 (10.0%)     978人
＊うちあける相手（複数回答）
ア　父                  497人 (25.3%)      211人 ( 8.2%)     708人
イ　母                  839人 (42.8%)    1,176人 (45.7%)   2,015人
ウ　兄弟                376人 (19.2%)      507人 (19.7%)     883人
エ　先生                206人 (10.6%)      139人 ( 5.4%)     345人
オ　男の友達          1,564人 (79.7%)      308人 (12.0%)   1,872人
カ　女の友達            201人 (10.2%)    2,298人 (89.2%)   2,499人
キ　その他              124人 ( 6.3%)      210人 (8.23%)     334人
＊うちあける相手の学年別合計（複数回答）
             小四        中1        中3        高3
父          31.0%       13.7%      10.3%       7.2%

母          67.8%       44.0%      35.9%      28.2%

先生        13.0%        7.2%       6.7%       5.8%

友達        72.4%       98.6%      99.3%     111.2%
```

〈「悩みをうちあけることのできる相手はいるか」に関して〉　この回答から「悩みをうちあける相手がいる」と思っている者が、男子で7割強、女子では9割もいることが明らかである。また、この割合については、全学年を通じて女子の方が上回っており、反対に「イ　いいえ」と回答したものは、全学年を通じて男子の方が多い。このことから、女子の方が高い数値であるものの、男女ともかなりの高い割合で、「悩みをうちあける」ことができる相手をもっていることがわかる。

〈「悩みをうちあける相手」に関して〉　相手として「父」をあげたのは、小4男子44.0%が最高で、高3女子3.6%が最低である。「母」をあげたのは、小4男子75.0%が最高で、高2男子24.8%が最低である。「母」をあげたのは、全体では、若干、女子の方が上回っているが、大きな男女差は見られな

い。小4から高3までを通して見ると、「父」「母」「先生」に関しては学年に従って減少しているが、反対に、男女共に同性の友達をあげる者が増加している。

(3) 相互理解に関する意識に見る男女差

次の表は、わかりあえる人の有無に関するアンケート結果を、男女差の観点から整理したものである。

```
問4 「自分と本当にわかりあえる人はいない」と感じることがありますか。
                        男子              女子              計
ア はい            465人 (17.3%)    750人 (26.0%)     1,215人
イ いいえ        2,182人 (81.3%)  2,093人 (72.6%)    4,275人

    学年別推移      小4    小5    小6    中1    中2    中3    高1    高2    高3
ア はい    男子   10.6%  8.9%   9.9%  15.5% 19.7% 25.2% 23.5% 23.7% 25.7%
            女子   10.1% 14.4%  20.0% 22.2% 31.9% 26.2% 46.0% 34.0% 26.1%
イ いいえ  男子   87.5% 90.5%  88.8% 83.6% 78.6% 73.5% 75.9% 73.7% 70.8%
            女子   89.2% 85.1%  78.3% 76.2% 66.4% 72.7% 50.6% 66.0% 72.0%
```

〈「自分と本当にわかりあえる人はいない」に関して〉「『自分と本当にわかりあえる人はいない』と感じることがある」者は、男子17.3%、女子26.0%である。逆に「感じることがない」者は、男子81.3%、女子72.6%である。女子と男子の差異は10ポイント近くになり、女子の方が「本当にわかりあえる人はいない」と感じていることになる。70%以上の者が「本当にわかりあえる人がいる」と感じていることを、健全なコミュニケーションを行い、それに満足していることの表れと見るか、女子において30%近くの者が理解者をもたないと感じていることを深い人間関係がもち得なくなっていることの表れと見るかで、判断が違ってくる。設問が「わかりあえる人はいない」と、少し断定的な感じがすることから、「そうでもない」と否定的になったことも考えられる。しかしながら、高1の女子46.0%が理解者をもたないと感じていることに関しては、男子23.5%の倍近い数値であることから、あらためて、なぜそのような結果が出たのか、取り上げる必要があるだろう。

(4) 教師の指名に関する意識に見る男女差

　次の表は、授業中の指名に関する意識を、男女差の観点から整理したものである。

```
問5　先生に指名されて、(a)うれしいと思ったとき、(b)うれしくないと思ったときはありましたか。また、ある場合はそれぞれどのようなときだったか答えてください。
```

(a)うれしいと思ったとき	男子	女子	計
ア　はい	1,620人 (60.4%)	1,806人 (62.6%)	3,426人
イ　いいえ	1,015人 (37.8%)	1,034人 (35.9%)	2,049人
＊どのようなときか（複数回答）			
ア　得意教科の時間	796人 (49.4%)	754人 (41.7%)	1,550人
イ　自分の意見に自信があるとき	1,055人 (45.2%)	1,191人 (65.7%)	2,246人
ウ　言いたいのに自分からは言えないとき	228人 (14.1%)	478人 (26.5%)	706人
エ　その他	71人 (4.4%)	104人 (5.8%)	175人
(b)うれしくないと思ったとき	男子	女子	計
ア　はい	1,991人 (74.2%)	2,523人 (87.5%)	4,514人
イ　いいえ	619人 (23.1%)	320人 (11.1%)	939人
＊どのようなときか（複数回答）			
ア　不得意教科の時間	817人 (41.0%)	1,244人 (49.3%)	2,061人
イ　自分の意見に自信がないとき	1,265人 (63.5%)	1,745人 (69.2%)	3,010人
エ　その他	303人 (15.2%)	466人 (18.5%)	769人

〈「教師の指名」に関して〉　教師による指名を「『うれしい』と思ったときがある」者は男女共に60％ほどで、「『うれしくない』と思ったときがある」者は男子74.2％、女子87.5％である。「『うれしくない』と思ったときがある」者は平均では、女子の方が13.3％多く、女子の中1、中2、高1、高2では、90％を超え、高1は96.0％、高2は98.0％の高い数値を示している。

　「うれしくない」理由としては、男女共に60％以上が「自分の意見に自信がないとき」をあげている。授業中の発言は、まちがうことも学習のうちだと言われているけれど、自信がないままに指名されることが、女子にとってはとりわけいやなことなのだろう。

(5) 授業中の発言に関する意識に見る男女差

次の表は、授業中の発言に関する意識を、男女差の観点から整理したものである。

問6 授業中に発言したくなることはありますか。	男子	女子	計
ア よくある	491人 (18.3%)	326人 (11.3%)	817人
イ たまにある	1,177人 (43.9%)	1,571人 (44.1%)	2,448人
ウ ほとんどない	699人 (26.1%)	897人 (31.1%)	1,596人
エ ない	306人 (11.4%)	378人 (13.1%)	684人
ア、イについて、その時発言しましたか。			
ア はい	1,148人 (68.8%)	865人 (54.2%)	2,013人
イ いいえ	648人 (38.8%)	849人 (53.2%)	1,497人
*イと回答したものについて、それはどうしてか（複数回答）			
ア みんなの前で話すのは緊張するから	217人 (33.5%)	330人 (38.9%)	547人
イ あまり目立ちたくないから	182人 (28.1%)	275人 (32.4%)	457人
ウ みんなの前で間違えたくないから	229人 (35.3%)	371人 (43.7%)	600人
エ クラスの人にいろいろ言われるのがいやだから	160人 (24.7%)	257人 (30.3%)	417人
オ クラスの人と意見が違いそうだから	146人 (22.5%)	215人 (25.3%)	351人
カ めんどうだから	200人 (30.9%)	228人 (26.9%)	428人
キ その他	96人 (14.8%)	105人 (12.4%)	201人

〈「授業中に発言したくなる」に関して〉「よくある」「たまにある」を合わせると、男子62.2％、女子55.4％で、男子の方が若干積極的である。「その時発言した」と回答した者も、男子の方が14.6ポイント上回っている。授業中の発言に関して消極的な理由として「みんなの前で間違えたくないから」が、男女ともにもっとも多くあげられている。次いで、「緊張するから」があげられているが、「めんどうだから」も30％ほど見られる。

(6) 自己表現に関する意識に関する男女差

次の表は、音声表現能力に関する意識を、男女差の観点から整理したものである。

```
問7　あなたができるものに○をつけてください。（複数回答）
                                男子              女子              計
ア　声を出して読むこと           2,058人 (76.7%)   2,404人 (83.4%)   4,462人
イ　自分の考えを話すこと         1,403人 (52.3%)   1,486人 (51.5%)   2,889人
ウ　調べたことを報告すること     1,341人 (50.0%)   1,608人 (55.8%)   2,949人
エ　大勢の人前で発表すること     1,083人 (40.4%)   1,255人 (43.5%)   2,338人
オ　友達の話をよく聞くこと       1,744人 (65.0%)   2,266人 (77.2%)   3,970人
カ　友達と話し合って考えを深める
    こと                         1,302人 (48.5%)   1,767人 (61.3%)   3,970人
キ　聞いたことを人に伝えること   1,586人 (59.1%)   1,989人 (69.0%)   3,575人
ク　司会すること                 795人 (29.6%)     980人 (34.0%)     1,775人
```

〈「自分にできること」に関して〉　男女共「声を出して読む」がもっとも多く、女子は80％を超えている。次いで、男女共「友達の話を聞く」をあげているが、女子の方が男子より12.2ポイントも数値が高い。この問いに関しては、数値の点では男女差があるものの、順位については男女差が見られない。男女共に「司会をする」がもっとも低く、司会のむずかしさを感じていることがわかる。

（7）　コミュニケーションの手段に見る男女差

次の表は、コミュニケーションの手段に関するアンケート結果を、男女差の観点から整理したものである。

```
問8　何か相談するとき、どのような手段を使うと相談しやすいですか。（複数回答）
                                男子              女子              計
ア　直接その友達と会って話す     2,183人 (81.4%)   2,439人 (84.6%)   4,622人
イ　家の電話で話す               862人 (32.1%)     1,186人 (41.1%)   2,048人
ウ　自分の携帯で話す             243人 (9.1%)      362人 (12.6%)     605人
エ　手紙を書く                   116人 (4.3%)      1,405人 (43.5%)   1,521人
オ　Eメールなどの文字通信を使う  192人 (7.2%)      381人 (13.2%)     573人
カ　その他                       119人 (4.4%)      93人 (3.2%)       212人
```

〈「コミュニケーションの手段」に関して〉　今回の回答で、もっとも大きな男女差があったのは、この項の「手紙を書く」である。男子4.3％に対して、

女子48.7％で、その差は実に44.4ポイントになる。男女共に「直接話す」が、それぞれ80％を超えてもっとも多いが、男子の場合、次は「家の電話」となり、女子は「手紙」となる。この圧倒的な差は、実は、女子と男子の「書く習慣」の違いを表しているのではないのだろうか。男子は平均して「手紙を書く」が５％前後だが、女子の場合は中学から伸びて、ほぼ50％を超えたところにある。「Ｅメール」も、まだ普及度が低いから数値は伸びないが、女子の方が２倍近い数値を示している。男子にとって、コミュニケーションの手段として、「書く」ということはあまり重要なことではないようだ。一方、女子にとって、「書く」ことの意味は大きく、特に相談などにおいては、半数が「手紙」を活用していることになる。

(8) 抵抗感のある内容に関する伝達意識に見る男女差

次の表は、「親しい友達に注意することができるか」に関する意識を、男女差の観点から整理したものである。

問9 親しい友達がよくないことをしていたらどうしますか。	男子	女子	計
ア 自分でその友達によくないと言う	1,689人 (63.0%)	1,856 (64.4%)	3,545人
イ だれかがその友達に言うのを待つ	235人 (8.8%)	161人 (5.6%)	396人
ウ 先生にそのことを言う	107人 (4.0%)	65人 (2.3%)	172人
エ 他の友達に相談してみる	263人 (9.8%)	643人 (22.3%)	906人
オ その他	408人 (15.2%)	261人 (9.1%)	669人
*イ、ウ、エ、オに関して、どうしてそのようにするのか （複数回答）			
ア その友達と仲良くしていたいから	430人 (42.4%)	565人 (50.0%)	995人
イ 先生や他の友達のほうがいい考えを持っているから	144人 (14.2%)	174人 (15.4%)	318人
ウ その友達に言い返されるのがいやだから	171人 (16.9%)	172人 (15.2%)	343人
エ 自分の考えに自信がないから	146人 (14.4%)	217人 (19.2%)	363人
オ めんどうだから	296人 (29.2%)	122人 (10.8%)	418人
カ 一人では言いづらいから	268人 (26.5%)	468人 (41.4%)	736人
キ その他	205人 (20.2%)	227人 (20.1%)	432人

〈「親しい友達への忠告」に関して〉 男女共に「自分で言う」が60％を超えている。この回答で注目すべきは、「他の友達に相談してみる」で、男子が9.8％であるのに、女子は22.3％と、12.5ポイントも差がある。「親しい友達」であることを前提とし、「よくないこと」と善悪もはっきりしているにもかかわらず、「他の友達に相談する」ということは、自分の判断に自信がもてないということなのだろうか。あるいは、相手を思いやって、慎重にことを運ぼうとするからなのだろうか。

〈「なぜ、そうするのか」に関して〉 理由に関しては、男女共に大きな差異は見られない。いずれも「仲良くしていたいから」という理由をあげる者が半数ほどである。「仲良くしていたいから」「自分でよくないと言う」ことはしないというのだ。児童・生徒のコミュニケーションの現実を考えさせる内容である。また、「一人では言いづらい」をあげた男子が26.5％であるのに対して、女子は41.4％で、14.9ポイントの差がある。上記の「他の友達に相談する」に通じるもので、「一人では言いづらい」からという、表面的なコミュニケーションを保とうとする意識が女子の方に強いことがわかる。

(9) 抵抗感のある内容に関する重要意識に見る男女差

次の表は、「友達の意見を受け止めることができるか」に関する意識を、男女差の観点から整理したものである。

問10 あなたが正しいことをしていて、そのことについて「よくない」と友達から言われたらどのようにしまか。(a)親しい友達 (b)あまり親しくない友達 の場合。			
(a)親しい友達	男子	女子	計
ア 自分のやったことは正しいと説明する。	989人 (36.9%)	854人 (29.6%)	1,843人
イ 友達になぜそのように言うか聞いてみる。	1,157人 (43.1%)	1,547人 (53.7%)	2,740人
ウ 自分のやったことは正しいと思いながらも、言わずに黙っておく。	119人 (4.4%)	111人 (3.9%)	230人
エ 自分のやったことは正しいと思いながらも、とりあえず友達の考えに合わせておく	174人 (6.5%)	157人 (5.4%)	331人
オ 友達が正しいのではないかとふりかえってみる	304人 (11.3%)	438人 (15.2%)	742人
カ 気にしないようにする	124人 (4.6%)	79人 (2.7%)	203人

キ　その他	74人 (2.8%)	38人 (1.3%)	112人
(b)あまり親しくない友達	男子	女子	計
ア　自分のやったことは正しいと説明する。	724人 (27.0%)	585人 (20.3%)	1,309人
イ　友達になぜそのように言うか聞いてみる	1,108人 (37.6%)	1,171人 (40.6%)	2,178人
ウ　自分のやったことは正しいと思いながらも、言わずに黙っておく。	236人 (8.8%)	354人 (12.3%)	590人
エ　自分のやったことは正しいと思いながらも、とりあえず友達の考えに合わせておく	219人 (8.2%)	362人 (12.6%)	581人
オ　友達が正しいのではないかとふりかえってみる	196人 (7.3%)	272人 (9.4%)	468人
カ　気にしないようにする	402人 (15.0%)	385人 (13.4%)	787人
キ　その他	138人 (5.1%)	63人 (2.2%)	201人

＊(a)(b)のウ、エ、オ、カ、キに関して、どうしてそのようにするのか（複数回答）

(a)親しい友達	男子	女子	計
ア　その友達と仲良くしていたいから	366人 (46.0%)	434人 (52.7%)	800人
イ　自分のやることに自信がないから	180人 (22.6%)	253人 (30.7%)	433人
ウ　その友達のほうが強い立場にいるから	58人 (7.3%)	87人 (10.6%)	145人
エ　めんどうだから	155人 (19.5%)	83人 (10.1%)	238人
オ　その他	87人 (10.9%)	133人 (16.2%)	220人
(b)親しくない友達	男子	女子	計
ア　その友達と仲良くしていたいから	160人 (13.4%)	260人 (18.1%)	420人
イ　自分のやることに自信がないから	216人 (18.1%)	288人 (20.1%)	504人
ウ　その友達のほうが強い立場にいるから	91人 (70.6%)	59人 (11.1%)	250人
エ　めんどうだから	524人 (44.0%)	560人 (39.0%)	1,084人
オ　その他	129人 (10.8%)	180人 (12.5%)	309人

〈「親しい友達からよくないと言われた」に関して〉　この問いは、「正しいことをしている」が前提となっている。したがって、「友達からよくないと言われ」るのは、友達との間に行き違いがあることが予想される。男女共に「友達になぜそのように言うか聞く」をあげた者がもっとも多く、男子は43.1％、女子は53.7％である。その次が、「自分のやったことは正しいと説明する」で、男子が36.9％、女子は29.6％である。この回答における約7ポイントの差は、上記の「友達に聞く」の約10ポイントの差と関連する。わず

か7ポイントの差ではあるが、男子が自分の正しさを主張するのに対して、女子はまず友達に聞くという、男女の違った傾向が認められるのではないだろうか。

〈「なぜ、そうするのか」に関して〉理由は男女共に、「その友達と仲良くしていたいから」をあげる者がもっとも多い。「自信がない」が男子22.6%に対して、女子30.7%で、8.1ポイントの差だが、女子の方が自分に自信をもてないでいる傾向が見られる。一方、「めんどうだから」をあげたのが、男子19.5%、女子10.1%で、9.4ポイントの差で、男子の方がコミュニケーションに消極的な傾向が見られる。

〈「親しくない友達からよくないと言われた」に関して〉「説明する」と積極的なのは男子27.0%で、女子は20.3%であるが、親しい友達の場合と比較すると、それぞれ10%ほど減少している。「友達に聞く」は、男子37.6%、女子40.6%で、「親しい友達」の場合と同様、もっとも多く、また女子の方がやや上回っている。「親しい友達」と比較すると、男子で5.5%、女子で13.1%減少しているが、女子の方が減少が大きい。「黙っている」「合わせておく」「気にしない」のように、「『よくない』と言われた」ことを自分の問題として受け止めようとしない回答について、「親しい友達」の場合、男子15.5%、女子12.0%であるのに対して、「親しくない友達」の場合、男子32.0%、女子38.3%である。この結果から、女子の方が男子より、「親しい友達」に対しては相手の意見を尊重して自分の問題として受け止めようとするが、「親しくない友達」に対しては、女子は男子よりも受け入れない傾向があると言える。

〈「なぜ、そうするのか」に関して〉「親しい友達」の場合、どのような対応をとるにせよ「仲良くしていたい」が理由のトップとなっていたが、「親しくない友達」の場合は、男女共に「めんどうだから」がトップで、男子44.0%、女子39.0%となっている。男子が5ポイントほど多いが、「親しい友達」の場合でも、男子19.5%、女子10.1%だから、男子の方がコミュニケーションをめんどうがる傾向が見られると言える。

(10) コミュニケーション不成立に関する意識に見る男女差

次の表は、「わかってもらえない」と思った経験とそれを「どう意識して

いるか」に関する調査結果を、男女差の観点から整理したものである。

問11 自分の話をわかってもらえないと思ったことはありますか。

	男子	女子	計
ア　はい	1,885人 (70.3%)	2,243人 (62.6%)	4,128人
イ　いいえ	749人 (27.9%)	643人 (21.3%)	1,362人

＊アと回答した者について、それはどうしてか

	男子	女子	計
ア　友達が聞きたいと思っていないと感じる	588人 (31.2%)	846人 (37.7%)	1,434人
イ　自分の考えがうまくまとまっていないから	1,029人 (54.6%)	1,278人 (57.0%)	2,370人
ウ　自分の話の中身が難しすぎて友達にはわかりにくいから	493人 (20.4%)	458人 (23.0%)	951人
エ　自分から話すのになれていないから	276人 (14.6%)	240人 (10.7%)	516人
オ　話すことが下手だと思っているから	316人 (16.8%)	461人 (20.6%)	777人
カ　その他	161人 (8.5%)	258人 (11.6%)	419人

＊そのことをどのように感じるか

	男子	女子	計
ア　それでよいと思う	245人 (13.0%)	185人 (8.2%)	430人
イ　とりあえずそれでよいと思う	462人 (24.5%)	506人 (22.6%)	968人
ウ　できれば変えたいと思う	828人 (43.9%)	1,093人 (48.7%)	1,921人
エ　変えたい	340人 (63.5%)	462人 (20.6%)	802人

〈「自分の話をわかってもらえないと思った」に関して〉「自分の話をわかってもらえないと思った」ことのある男子70.3％、女子77.8％で、理解されていないという思いを抱いた経験をもつ者は少なくない。ことに、女子の方が平均で8％近く多いが、学年別に見てみると、以下のグラフのように中学以降に男女差が出てくることがわかる。

小4の男女差はわずかに2.2ポイントだが、高1の18.5ポイントという極端な差は別としても、ほぼ10ポイント程度の差が見られる。なぜ、女子の方が「自分の話をわかってもらえない」と思うことが多いのであろうか。

「はい」と答えた割合（学年別）

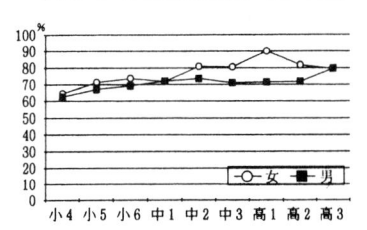

第2章　国語力とジェンダー　3　73

以下に、その理由について検討してみよう。

「なぜ『自分の話をわかってもらえない』と思うのか」に関して〉男女共に多いのは「自分の考えがうまくまとまっていない」で、男子54.6%、女子57.0%で、いずれも半数を超えている。男女共に、自分の話に自信がないことがうかがわれ、また、わかってもらえない原因は、自分の方にあると考えていることがわかる。次に多いのが、男女共に「聞きたくないと思っていると感じる」で、男子31.2%、女子37.7%である。この回答は、自分が受け入れられていないと感じていることを示すもので、男女共に少ないとは言えない数値である。この項の回答で、「自分から話すのになれていない」「話がむずかしすぎる」を除き、数値は低いが女子の方が男子を超えていることに注目したい。以下の学年別のグラフで見ると、その傾向が明らかに見て取れる。

ア　聞きたいと思っていないと感じる

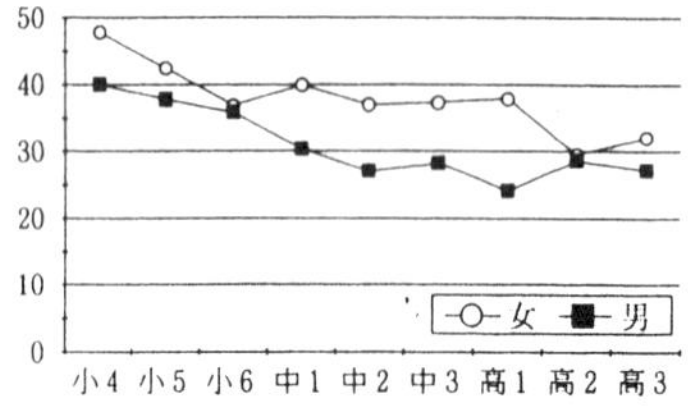

イ　考えがまとまっていない

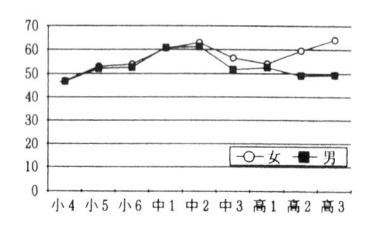

ウ　話が難しすぎる

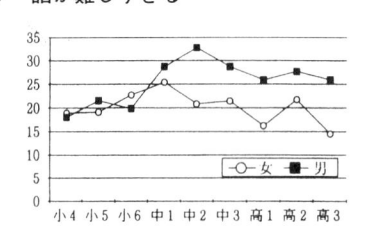

エ　自分から話すのになれていない

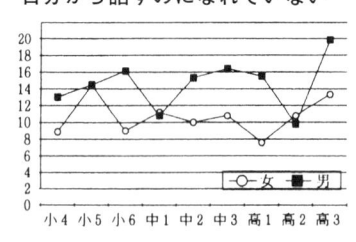

オ　話すことが下手

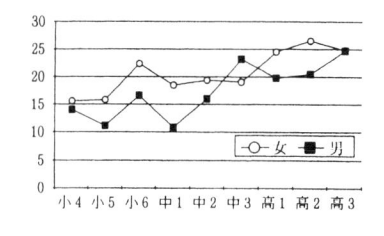

カ　「出来れば変えたい＋変えたい」と思っている

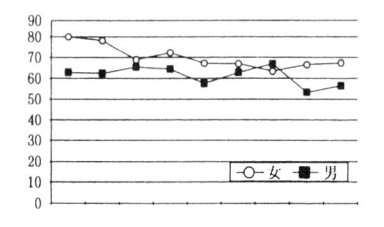

〈「そのことをどのように感じるか」に関して〉 男女共に、「できれば変えたい」と思っている者がもっとも多く、男子43.9%、女子48.7%で、半数を超えている。「変えたい」と明確に意識している者を合わせると、男子61.9%、女子69.3%となる。上掲グラフのように、男女差は若干あるが学年差はほとんど見られない。この回答から、自分を理解してもらえない原因は、自分の話の内容や話し方の問題にあるととらえている者が多く、それを変えたいと望んでいる、つまり、コミュニケーションがうまくできるように自分を変えたいと考えている者が、男女共に半数を超えていることがわかる。

(11) 相談への対応に関する意識に見る男女差

次の表は、友だちの相談への対応、アドバイスに関する意識調査の結果を、男女差の観点から整理したものである。

問12　友達に相談されたときアドバイスがうまくできますか。

	男子	女子	計
ア　はい	1,568人 (58.4%)	1,673人 (58.0%)	3,241人
イ　いいえ	1,044人 (38.9%)	1,161人 (40.3%)	2,205人

＊イについて、それはどうしてか

	男子	女子	計
ア　友達の相談を聞くことがあまり得意ではないから	239人 (22.9%)	107人 (9.2%)	346人
イ　友達の相談を聞くことはできるが、いい考えをまとめられないから	524人 (50.2%)	682人 (58.7%)	1,206人
ウ　友達の相談を聞いて考えることはできるが言い方に迷ってしまうから	375人 (35.9%)	573人 (49.4%)	948人
エ　めんどうだから	122人 (11.7%)	48人 (4.1%)	170人
オ　その他	109人 (10.4%)	149人 (12.8%)	258人

＊イについて、そのことをどのように感じるか

	男子	女子	計
ア　それでよいと思う	143人 (13.7%)	83人 (7.1%)	226人
イ　仕方がないと思う	307人 (29.4%)	211人 (18.2%)	518人
ウ　できれば変えたいと思う	445人 (42.6%)	583人 (50.2%)	1,028人
エ　変えたい	193人 (18.5%)	331人 (8.5%)	524人

〈「アドバイスがうまくできるか」に関して〉 相談を受けてのアドバイスに関しては、「できる」という回答が男女共に、ほぼ全学年で50%を示し、小学生の方が数値が高い。高校生の場合、高1男子59.3％、女子49.1％、高2男子61.5％、女子45.8％、高3男子53.1％、女子51.2％で、高1と高2の男女差が10ポイントを超えている。女子の方がアドバイスに自信がないことをあらわしている。

〈「それはどうしてか」に関して〉「相談を聞くことが得意ではない」回答したのは、男子22.9％、女子9.2％で、男子の方が多い。学年別にみると、グラフのように、小4では36ポイントも男女差があり、学年が上がるに連れてその差は減少していく。友達の相談を聞くことに関しては、男子より女子の方が得意だと思っていることがわかる。

次のグラフは、「いい考えをまとめられない」と「言い方に迷う」を合わせた数値をグラフ化したものである。いずれも女子の方が10ポイント近く高い数値となっている。この回答は、アドバイスに関して、「いい考え」すなわち内容、「言い方」すなわち方法に問題があると考えていることを示すもので、女子の方が自分自身に問題を感じていることがわかる。

〈「そのことをどのように感じるか」に関して〉 アドバイスがうまくできないことに関して、「それでよい」「仕方ない」という消極的な受け止め方をしている者は、合わせて男子43.1％、女子25.3％である。一方、「できれば変えたい」「変えたい」と考えているのは、男子60.6％、女子78.7％で、男女差は18.1ポイントもあり、女子の方が、相手にとってアドバイスがうまく

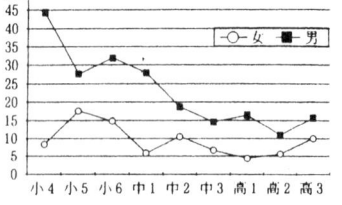

ア　得意ではない

イ・ウ　まとめられない・言い方に迷う

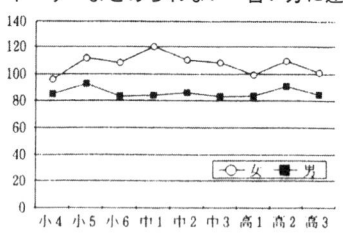

ウ・エ　できれば変えたい・変えたい

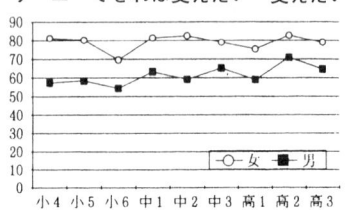

できるようになりたいと考えていることがわかる。

⑿　コミュニケーションのあり方に関する意識に見る男女差

次の表は、コミュニケーションの理想像に関する意識調査の結果を、男女差の観点から整理したものである。

問13　あなたはまわりの人とどのように話したり、聞いたりしたいですか。1つ答えてください。	男子	女子	計
ア　言いたいことを自分が話して、相手に聞いてもらいたい	290人 (10.8%)	147 (5.1%)	437人
イ　相手のいろいろな話を、自分が聞きたい	269人 (10.0%)	175人 (6.1%)	444人
ウ　互いに遠慮なく話合いたい	1,341人 (50.0%)	1,992人 (69.1%)	3,349人
エ　人とはあまり話したくない	56人 (2.1%)	32人 (1.1%)	88人
オ　どのような形でもよい	226人 (8.4%)	163人 (5.7%)	389人
カ　考えたことがない	227人 (8.5%)	117人 (4.1%)	344人
キ　その他	56人 (2.1%)	68人 (2.4%)	124人

〈「どのように話したり聞いたりしたいか」に関して〉「どのように話したり聞いたりしたいか」という質問は、友達との人間関係になにを望み、どうありたいと願っているかということに関しての問いである。回答者は、6つの選択肢の中から選ぶか、さもなくば「キ」を選んで、別の回答をすることになる。しかしながら、「キ」を選んだ者は、男女共に2％ほどで、ほぼ6つの選択肢の中に回答を見出している。もっとも多いのは「お互いに遠慮なく話し合いたい」で、男子50.6％、女子69.1％である。女子の7割が、友達と互いに遠慮なく話ができる関係を望んでいることがわかる。「自分が話して聞いてもらいたい」、あるいは「相手の話を聞きたい」を選んだ者は、合わせると、男子20.8％、女子11.2％となる。これは、「遠慮なく話し合う」ことができるという安定した人間関係とは違って、より積極的な「知り合う」関係を感じさせる。友達としての相手を欲するというより、話の内容を交換し合うことを望むといってもよいだろう。回答では「相手が聞く」ことを求める方が強いか、「自分が聞く」ことを求める方が強いかで選択が分かれたが、この選択肢には関連性があるととらえた方がよいだろう。

3 考察

(1) 大きな男女差の見られた項目

「問2」から「問13」までの12項目のうち、大きな男女差の見られた回答を、以下にまとめて示すことにする（「大きな男女差」とは、10ポイント程度の数値差とする。下線は、女子の数値が大きい場合）。

P：ポイント

質　問	回　答	男子	女子	男女差
2　同じクラスの人たちと話すことについてどう思いますか。	好き まあまあ好き	51.2% 34.8%	66.8% 22.5%	<u>15.6P</u> 21.7P
3　悩みがあるとき、それをうちあけることのできる相手はいますか。	はい いいえ	73.1% 81.3%	89.4% 10.0%	<u>16.3P</u> 15.7P
4　「自分と本当に分かり合える人はいない」と感じることはありますか。	はい いいえ	17.3% 81.3%	26.0% 72.6%	<u>8.7P</u> 8.7P
5　先生に指名されて、うれしくないと思ったときはありましたか。	ある ない	74.2% 23.1%	87.5% 11.1%	<u>13.3P</u> 12.0P
6　授業中に発言したくなったとき、発言しましたか。	ある ない	68.8% 38.8%	54.2% 53.2%	14.6P <u>14.4P</u>
7　あなたができるものに○をつけてください。	・友達の話をよく聞く ・友達と話合って考えを深める ・聞いたことを人に伝える	65.7% 48.5% 59.1%	77.2% 61.3% 69.0%	<u>11.5P</u> <u>12.8P</u> <u>9.9P</u>
8　何か相談するとき、どのような手段を使うと相談しやすいですか。	手紙	4.3%	48.7%	44.4P
9　親しい友達がよくないことをしていたらどうしますか。 ＊　消極的な回答に対して、どうしてそのようにするのですか。（複数回答）	・他の友達に相談してみる ・めんどうだから ・一人では言いずらいから	9.8% 29.2% 26.5%	22.3% 10.8% 41.4%	<u>12.5P</u> 18.4P <u>14.9P</u>
10　あなたが正しいことをしていて、そのことについて「よくない」と友達から言われたらどのようにしますか。 ＊親しい友達の場合。 ＊　消極的な回答に対して、どうしてそのようにするのですか。（複数回答）	・友達になぜそのように言うのか聞いてみる ・めんどうだから	43.1% 19.5%	53.7% 10.1%	<u>10.6P</u> 9.4P
11　自分の話をわかってもらえないと思ったことはありますか。	はい	70.3%	77.8%	<u>7.5P</u>

12 友達に相談されたときアドバイスがうまくできますか。	・友達の話を聞くことがあまり得意ではない	22.9%	9.2%	13.7P
＊「いいえ」に対してそれはどうしてですか。	・考えることはできるが、言い方に迷う	35.9%	49.4%	13.5P
＊そのことをどのように感じますか。	・仕方がない	29.4%	18.2%	11.2P
	・変えたい	18.5%	28.5%	10.0P
13 あなたはまわりの人からどのように話したり、聞いたりしたいですか。	・お互いに遠慮なく話し合いたい	50.6%	69.6%	18.5P

上掲の表について、特に注意すべき点を以下にまとめる。

〈手紙に見られる男女差〉 もっとも大きな男女差は、コミュニケーション（相談）の手段として手紙を使うかどうかということである。女子にとって、手紙を書くという行為が重要な意味をもっていることがわかる。反対に、男子は、ほとんど手紙を書かない。リテラシーにおける男女差をうかがわせる結果である。

〈男女ともに、クラスの人と話すことを好む〉 質問の２は、「好き」「まあまあ好き」という回答を、男女差で見る前に、合わせて男子86.0％、女子96.3％という数値を出す必要がある。男女共に、高い数値を示しており、クラスの人と話すことを好むことがわかる。しかしながら、男女の差は10.3ポイントあり、女子の方が、クラスの人と話すことに関して、より強く、より積極的であることがわかる。

〈男女ともに、自分の話を理解してもらえないと思った経験をもつ〉 このような経験をもつ者の男女差は、7.5ポイントで、10ポイントに満たない。しかしながら、男子70.3％、女子77.8％という数値の高さは、男女差の以前に問題としなければならない。

なお、重要な項目については、次節でさらに考察を加える。

　（２）　コミュニケーション意識にどのような男女差が認められたか
◆「男女のコミュニケーションには違いがある」という仮説

これまで、私たちは、さまざまな「もの」や「こと」に男女差、または男女の違いがあることを、当然のように受け止めてきた。たとえば、性質については、「男性は強くたくましく」「女性は弱くやさしく」のようにである。

今日、「ジェンダー（男女の性別による役割意識）」が問題とされるようになっても、世代を超えて再生産され続けてきたジェンダーは、私たちの意識に深く浸透していて、なかなか意識改革をすることができないでいる。
　たとえばここに、次のようなことわざがある。
　　「女の立ち話騒動のもと」（女のつまらぬおしゃべりから騒動が起こる）
　　「女三人寄れば着物の噂する」（女の話題のもっとも手近なのが着る物の話である）
　　「女三人寄ると富士の山まで言い崩す」（女が三人よると、なにからなにまでわる口に言うのが常である）
　　「女同士は角めだつ」（女は心がせまいため、とかく、衝突しやすいものである）　　　　　　　　　　　　　　　　　　　　　　　　　　（注2）
　これらは、女性のコミュニケーションのあり方を揶揄したことわざである。広く知られていることわざではないが、あらためて「なるほど」と思わせるようなところはないだろうか。「なるほど」と感心すれば、その肯定はジェンダーを背景としたものなのである。
　今日、これらのことわざには女性蔑視が見られるので、否定しなければならないものと見られるようになってきた。そして私たちは、これらのことわざを、それが形作られてきた歴史的背景を視野に入れながら、これまで女性のコミュニケーションがどのように見られてきたかを示す、歴史的証言の1つとして位置づけなければならない。これまでは、ここに見られるように、女性のコミュニケーションは、役に立たないようなつまらない話（服装や食べ物、他人のうわさ話など）を、いつまでもべちゃべちゃしゃべっているものとしてとらえられてきたのだ。今日でもよく使われる「女三人寄ればかしましい」が、その典型的なものである。
　女性を蔑視するようなことわざは否定しなければならない。しかし、そのようなことわざが作られたのは、女性のコミュニケーションを揶揄したり皮肉ったりしたからであって、その実態は違っていたと言い切れるだろうか。ことわざは、男性と違う女性のコミュニケーションの一面を、的確に言い当てたものであるというようなことはないのだろうか。
　いや、これらのことわざとは違っていたとしても、女性のコミュニケーシ

ョンは、確かに男性と同じではなかっただろう。それは、ことわざの背景に男尊女卑の歴史があり、女性のコミュニケーションは、場面も相手も男性とは比較にならないほど限定的なものであったはずだからだ。身分や立場に相違はあったとしても、男女のコミュニケーションの歴史は、質的にはかなり違っていたと考えられる。

　そのことを裏づける次のような報告（注3）がある。

　　日本語では、男女それぞれが固有に使用する表現がはっきりと分かれている。それらは男性の「おお、よう」、女性の「ああ、あ、あら」などで、反対に男性の「ああ、あ、あら」、女性の「おお、よう」の使用は見られない。このように日本語では、発話者の性別による間投詞の違いが見られる。

　　また、男性の「オス、あばよ」に対する女性の「こんにちは、さようなら」などという語彙の差も見られる。さらに日本語の男女差については「ごちそうさん」に対する「ごちそうさまでした」の例に見られるように、丁寧語の違いもあげられる。アメリカ英語には男女で異なって使用されるあいさつことばは見当たらない。

日本語の「あいさつことば」には、アメリカ英語にはないような男女差があるという報告である。日本には、「女房言葉」「女言葉」「女性語」などといわれる言葉があり、「あいさつことば」に限らず、女性のみが使用する言葉が存在する。それは、歴史的に作られてきたものであって、今日ではいわゆる「男言葉」と「女言葉」の領域が曖昧になってきてはいるが、アメリカ英語のように、完全に男女が同一言語を話しているというまでにはなっていない。コミュニケーションにおける言葉は、伝達の媒体である。その言葉が男女によって異なるとしたら、コミュニケーションのあり方に違いが生まれてくるということは、あり得ないことではない。現に、「あいさつことば」に「丁寧語の違い」がある場合、そのコミュニケーションを成り立たせている、人と人との関係に違いがあるのは当然だろう。コミュニケーションは言葉で成り立ち、言葉がコミュニケーションを成り立たせているのだ。男女によって言葉が違うとしたら、成立するコミュニケーションにも男女差があると考えられるのではないだろうか。

◆コミュニケーションにおける男女差のとらえ方

　コミュニケーション意識に関するアンケート結果を分析・研究していく上で、「性差を説明するという作業が著しく困難になっていったのは、本質主義に基づいて『ジェンダー』を想定したことに起因している」(注4)という中村桃子氏の指摘を忘れるわけにはいかない。中村氏は、「本質主義のジェンダー観に基づく言語研究」に以下の3つの特徴があり、そこに問題があるとしている。コミュニケーションを考えていく上でも、同様のことが問題となるので、参考に引用しておく。

　①ジェンダーは二項対立である。二項対立とは、ジェンダーには「女というジェンダー」と「男というジェンダー」の二種類しかなく、両者は交わることなく互いにあらゆる点で対極にあるという考え方を指す。（以下略）

　②ジェンダーは属性である。本質主義は、「女である」「男である」という特質をその人に備わった属性と捉え、個人的経験によって左右されないと考える。（以下略）

　③ジェンダーは言語以前に存在する。本質主義によれば、ジェンダーに限らず、年齢・職業・居住地などの属性は、その人の経験に関わりなくその人の特質として存在している。だから、性差研究では、あらかじめ話し手を各々の属性によって分類しているのである。（以下略）

　本稿は、「コミュニケーション意識に見られる男女の差異」を明らかにしようとするものである。前述したように、「男女の差異」は仮説として存在した。そして、アンケート調査の結果は、実際には、多くの「男女の共通点」を確認することになったが、「差異」も認められた。「男女の差異」は、アンケート結果から数値として示すことができる。しかし、ここで示される数値は、男女の本質を示すものではないということを確認しなければならない。本稿では、調査結果として明らかにされた数値は、小・中・高生の男女の傾向を示すものとしてとらえている。問題は、その傾向がどのような要因から生じるものなのかを教育実践の中で明らかにしていくことであり、また、その傾向を教育の場にどのように生かしていくのかということを、これも教育実践の中で検討していくことなのである。

◆コミュニケーション意識に見られる男女の傾向

　男子でもっとも目につくことは、男子の全体に対しては大きな数値ではないのだが、コミュニケーションに対する消極的な回答の理由として「めんどうだから」をあげていることである。たとえば、親しい友達がよくないことをしているのに自分から忠告しない理由に、30％近くも「めんどうだから」をあげている。また、自分が正しいのに「よくない」と言われた場合、相手が親しい友達であっても、友達に説明したり聞いたりしない。その理由は「めんどうだから」と20％の男子が回答している。いずれも、女子は10％程度なので、男子に相手と関わることをめんどうがる傾向があると言えるだろう。この傾向は、友達にアドバイスができないことを、30％近くが「仕方ない」ととらえていることにも共通する。

　アンケート結果は、男子がコミュニケーションに対して、態度として消極的であるばかりでなく、意識としても拒絶的な傾向が見られることを明らかにした。一時期、17才の少年の事件が問題になったが、それらの犯罪的な問題行動と、コミュニケーションをめんどうがる傾向が何らかの関連性をもっているとは考えられないだろうか。「なぜ、めんどうなのか」と、さらに一歩踏み込んだ調査をしていないので、今回は問題を鮮明にしていくことはできないが、男子にこのような傾向が見られることは、今後の検討課題としなければならない。

　また、25.7％の男子が、悩みをうち明ける相手がいないとしながら、一方で、80％を超える者が、自分と本当にわかりあえる人はいないとは感じないと回答している。本当にわかりあえるような理解者をもちながら、悩みをうち明けることはできないというのだろうか。あるいは、理解者の存在を信じながら、実際には悩みをうち明けることができるような相手をもてないでいるということなのだろうか。

　授業中の発言に関しては、男子は、教師に指名されることに女子よりも抵抗が少なく、また、発言したい時には、70％近くの者が発言すると回答している。発言することに関しては、女子よりも抵抗が少なく、ハードルが低いようだ。

　女子は、男子に比べて、同じクラスの人と話すことに積極的だと言えるだ

ろう。そして、悩みをうち明けることができる相手を、男子より16.3ポイントも多い90％近くの者がもっている。にもかかわらず、男子以上に、自分と本当にわかりあえる人はいないと感じることも多いし、自分の話をわかってもらえないと思うことも多い。これは、女子のコミュニケーションが、「悩みごと」を共有しあうような仲間意識に支えられながら、しかし、本当に望んでいるような、互いを理解しあう関係にはなっていないことを意味しているのではないだろうか。
　また、女子の回答で目につくのは、授業中に発言したくなっても発言しないといった、自分への自信のなさである。「あなたができるもの」として取り上げたものも、受け身の姿勢ですることが多く、このことは、友達への忠告ができずに他の友達に相談してみるという回答にも共通するものである。また、友達へのアドバイスがうまくできないことの理由として「言い方に迷う」をあげているように、相手のことを考えて、自分の考えをどのように伝えればいいのか自信がないのであろう。
　男子に比べて女子の方が、仲間意識に支えられて積極的なコミュニケーション意識をもってはいるが、そこに本当の人間関係ができているとは言いがたく、また社会的な場面での心理的抵抗も強いという問題があることがうかがえる。
　また、女子には、自分の表現力に自信をもてないでいる者が少なくないが、彼女らはそういう自分を変えたいと願ってもいる。そして、お互いに遠慮なく話し合えるようなコミュニケーションをもちたいと望んでいる。しかし、その裏には、相手に遠慮しながら言いたいことも言えないでいる姿がうかがえる。つまり、男子より女子の方が、相手を気づかったコミュニケーションを行っているという傾向が見られるということだ。そして、そのコミュニケーションは、女子が望むようなものではなく、自立したお互いを支えあうようなものとも違うようだ。結論的に言うなら、仲間意識はあり、コミュニケーションを求めているのに、心から信頼しあえるコミュニケーションがないということに、今日の女子の問題があると言えよう。個人と個人を結びつけるパーソナルなコミュニケーションをつくっていくと同時に、社会的な場でのコミュニケーションを体験させることを考えなければならない。特にその

ことは女子に強く言えることだが、本質的には男子も同じである。そこに男女差の観点から見た、言葉の教育の課題がある。

おわりに

　日本人のコミュニケーションについて論じる場合、キーワードのように取り上げられるのが「義理、人情、本音、たてまえ、甘え、タテ社会、恥、恩、世間体」等であろう。中でも「義理」に関しては、日本人研究の要素の１つとして、様々な研究がなされてきた。本論で問題とした、小学生・中学生・高校生は、一人前として社会生活を送っている成人ではないが、「義理と人情」や「甘え」「恥意識」「世間体」などは、彼らの人間関係に影響を与え、彼らの人間関係の上にどのように見出すことができるかという点に関しては、今回の調査では明らかにすることはできなかった。しかしながら、彼らの人間関係、中でも友人関係に関しては、5500人を超える大規模な調査を行うことができたことで、かなり正確にその意識を明らかにすることができたのではないだろうか。

[注]

注１　本研究の基礎資料とする「話すこと・聞くことに関するアンケート」の集計人数は以下の通りである。各学年とも、男女の集計人数に差があるため、調査結果の検討に関しては、回答人数および回答人数が集計人数（男子2683人、女子2883人）の何パーセントにあたるか、その割合を見ていくことにした。

【集計人数表】

学年	小4	小5	小6	中1	中2	中3	高1	高2	高3	計
男	160	485	313	348	407	539	162	156	113	2683人
女	139	389	345	383	357	538	322	203	207	2883人
計	299	874	658	731	764	1077	484	359	320	5566人

　アンケートの内容は、次のように13項目である。

	質　問　事　項
1	あなたにきょうだいはいますか。
2	同じクラスの人たちと話すことについてどう思いますか。
3	悩みがあるとき、それをうちあけることのできる相手はいますか。

4	「自分と本当にわかりあえる人はいない」と感じることはありますか。
5	先生に指名されて、(a) うれしいと思ったとき、(b) うれしくないと思ったときはありましたか。また、ある場合はそれぞれどのようなときだったか答えてください。
6	授業中に発言したくなることはありますか。
7	あなたができるものに○をつけてください。
8	何か相談するとき、どのような手段を使うと相談しやすいですか。
9	親しい友達がよくないことをしていたらどうしますか。
10	あなたが正しいことをしていて、そのことについて「よくない」と友達から言われたらどのようにしますか。(a) 親しい友達 (b) あまり親しくない友達 の場合。
11	自分の話をわかってもらえないと思ったことはありますか。
12	友達に相談されたときアドバイスがうまくできますか。
13	あなたはまわりの人とどのように話したり、聞いたりしたいですか。

　アンケートの結果については、項目別に示して考察を加えることにする。
　なお、「問1　あなたにきょうだいはいますか」に関する考察は省略する。

注2　井出祥子監修『ちょっとまって、その「ことば」「ことば」に見る女性』財団法人
　　　東京女性財団・クレヨンハウス　1998
注3　阿部圭子「日米のあいさつことばの輪郭「ウチ・ソト」「上下」「男女差」「点と線」
　　　からの視点」『國文学　解釈と教材の研究』學燈社　1999
注4　中村桃子『ことばとジェンダー』勁草書房　2001

第3章 国語教材とジェンダー

1　国語教材論 ―ジェンダーと国語教材―

1　今、なぜ、ジェンダーか

　1995年9月、第四回国連世界女性会議が北京で開催された。国連が、1975年を「国際女性年」と定めて第一回会議をメキシコで開いてから、20年目にあたる。そして、第四回会議の主な課題は、第三回世界女性会議（1985年、ナイロビ）で採択された「女性の地位向上のためのナイロビ将来戦略」を見直すこと、また、2000年に向けた「行動綱領」を作ることである。世界女性会議は、女性の人権を総合的国際的に保証することを目的としたものであり、「行動綱領」の草案で取り上げている重大問題領域は、「1貧困、2教育、3健康、4女性に対する暴力、5紛争下の女性、6経済、7権力、思想決定分担における男女の不平等、8女性の地位向上のための仕組み、9人権、10女性とメディア、11女性と環境、12少女」である。これら、それぞれの領域に、世界の女性が抱えている問題が示されていると言ってよい。

　これらの問題領域は、女性に固有のものではない。日本が「子どもの権利条約」を結んだのは168カ国中158番目であったが、右の「行動綱領」にあげられた問題の多くは、その権利条約の条文に重なるものである。つまり、女性の問題は、そのほとんどが子どもの問題でもあるということである。そして、そのいくつかは老人の問題でもある。女性の人権保護の問題は、女性問題の枠を超えて、あらゆる差別と人権についての問い直しを迫るものであると言えるだろう。

　もはや、男性も女性も、因習や偏見から解放され、新しい「共生時代」を開いていかなければならないのだ。

2　日本人のジェンダー意識

　女性差別の問題を、社会における性役割・性別役割の支店から構造的にとらえ直そうとする研究は、1970年代に始まったばかりである。「ジェンダー」という言葉が一般に使われるようになったのは、ごく最近のことで、したがって「ジェンダー」が女性差別の問題を問い直していくための1つの概

念装置であることも、あまり知られていない。そこで、まず、次のことを確認しておきたい。

　　◆「性別」と「ジェンダー」
　男性と女性の生物学的差異に基づく性別と、生物学的差異に関連する形で社会的・文化的につくられた性別を区別するために、前者を「性（sex）」、後者を「ジェンダー」(gender)」とする。(注1)
　例をあげると、「女子学生の就職差別は根強く、男女の賃金格差は先進国中最大。政策決定への参画も低い」(注2) というようなところに、ジェンダーの問題が女性差別の現実として表れている。すなわち、1人1人の個別的な能力を問わずに、「女子の仕事は腰かけで、やがて家庭に入る」「女子は補助的な仕事には向いているが総合職には向いていない」といったような、性別による社会的枠づけで女子の可能性を閉ざしてしまう。そこにジェンダーによる差別の実態がある。女子の就職差別は、まさに日本企業のジェンダー意識の問題なのである。
　日本人がジェンダーに関してかなり保守的な国民であるということに関しては、次のような指摘もある。
　　　　日本の女の子が、現在も、将来についても、こんなに覇気がないのは、日本社会のジェンダー・バイアスが、他の国々に比べて強いせいでしょう。(注3)
　「ジェンダー・バイアス」とは、「『性別に関するステレオタイプ、偏見』の意味で、あなたの中にある『男性は……のようなもの、女性は……のようなもの』などの、一種の『思い込み』を指す言葉」(注4) である。「ジェンダー・バイアス」が強いということは、日本人が性別による固定的な役割観を根強くもっているということである。それは、女性差別の撤廃をむずかしくすると共に、男性をもその性的役割に縛りつけることにもなる。
　日本政府は「第四回世界女性会議のための国別報告」を国連に提出し、その報告の中で、日本人は「固定的な男女の役割分担意識」が強いということを指摘し、「女性に対する差別をなくするためには、女性の能力、適性に対する偏見や固定的な男女の役割分担意識が変革されるなど、人々の意識が変わらなければ、真の解決にはならない」と強調した。その報告については、

「政府が取り組まなければならない課題から目をそらし、意識変革の問題に責任転嫁することにならないか」(注5)という、政府の姿勢を批判する声が出ている。確かに、具体的政策を立てずに、女性差別を意識の問題に解消しようとする政府のあり方は問題だ。しかし、女性差別の根本的解決は、報告が指摘するように、「意識変革」なくしては実現しない。

女性問題を教育史の中でとらえ、明治期以降の高等女学校国語教科書の研究を進めている野中三恵子氏は次のように言う。

> 今、形のうえでは男女の差別は無くなりつつあることは事実である。しかし、頭のなかにある区別意識、差別意識はどうであろうか。「理屈ではわかっていても」、という人はいないのだろうか。それではどこで、そのような意識は生まれるのだろうか。(注6)

この素朴な疑問が彼女の研究の原点となったわけだが、女性差別の根にあるのは、個のジェンダー意識にほかならない。新しい男女共生の社会、すなわち、「ジェンダー・フリー」の社会は、社会制度という外側からの改革と、ジェンダーバイアスに関わる内側からの意識変革との、両面からのアプローチがなくては実現しないだろう。

3　ジェンダーと教育

ジェンダー意識、さらにジェンダー・バイアスの形成に関わる重大な要素は、言葉である。赤ちゃんに、男の子ならブルー、女の子ならピンクのベビー服を着せるというのも、一種のジェンダー形成の要素である。しかし、それ以上に、「男の子だから〜」とか「女の子らしく〜」とか、耳元で言われ続ける言葉がジェンダー・バイアスの形成につながっていく。

生まれた日から始まるジェンダーのすりこみは、日常生活の中で、無意識に、無限に、くり返されているのである。

> 日常のなにげない親子のやりとりや、教師と生徒との相互作用のなかに、われわれは、なお多くのジェンダー規定的な事態を認めることができる。こうした「隠れたカリキュラム（hidden curiculum）の重要性を見過ごすことはできないのである。(注7)

この渡辺秀樹氏の指摘は、ジェンダー形成の問題を見ていく上での基本的

な視点である。そしてそこに、言葉の問題が関係してくる。すなわち、ジェンダー・バイアスが形成されていく過程にはたらく「隠れたカリキュラム」は、主として大人が発する言葉に表れるのである。「親子のやりとり」や「教師と生徒との相互作用」が言葉を媒体とする以上、それが「隠れたカリキュラム」として作用するのは必然である。しかし、「親の言葉」と「教師の言葉」とを同等に置くわけにはいかない。なぜなら、学校は社会制度の1つであり子どもを社会化し、社会人となるべく社会規範を教えるはたらきをする。そのような場で、教師の発する言葉は、親のそれとは違って、いわば社会規範そのものなのである。したがって、ジェンダー・バイアスにとらわれた教師が「男のくせに〜」とか「女だから〜」などと言えば、子どもの男像、女像は、ますます類型化の度合いを強くしていく。さらに、活字化された教科書となると、教師の言葉以上に、その規範性は強くなる。子どもたちは、教材の中に描かれたジェンダーを疑いもなく吸収していく。そこで、渡辺氏の「教科書が、子供の社会化を通して、社会のジェンダー構造の再生産機能をはたしているということができる」という指摘が生まれる。

　まず、学校、教師、教科書などの教材が、子どものジェンダー意識を形成することに大きく関わっているということを認識しなければならない。「日本社会のジェンダー・バイアス」が強いとすれば、教育はその責任を負わなければならないだろう。そして、言葉の力を身につけることを目標とし、言葉による学習活動が中心となる国語教育、そのための媒材となる国語教材は、他の教科よりも深く、ジェンダーの問題と関わっているのである。

4　女子教育における国語教材

　これまで、教育におけるジェンダーの問題は、主として、明治以来の、近代における中等教育としての女子教育の研究において扱われてきた。1872（明治5）年の学制発布に先立つ1870（明治3）年、メリー・ギダーによって横浜に創設された塾（フェリス女学院）や横浜ミッションホーム（共立女子学園）などが、近代女子教育のはじまりである。女子教育といえば、一般に「良妻賢母」の教育一辺倒だと思われているが、明治初期においては必ずしもそうではなかった。当時の女子教育は「欧米文化を理解できる進歩的な

女性を教育しようとし」「一般に普通教科尊重の傾向が強く」「後に見るような家庭主義一本の教育方針はとられてはいなかった」(注8)のである。

しかしながら、この開明的な傾向は明治10年代には早くも影をひそめ、「富国強兵」政策のもとに国家主義、軍国主義化が進む中、儒教的な婦徳思想と結びついた「良妻賢母」教育が台頭してきた。そしてこの教育政策をバックアップしたのが、大日本帝国憲法のもとに定められた民法である。民法は、「姉家督や末子相続、あるいは選択相続といった多様な家族法が慣行として生きていた」庶民に、「武家社会の規範であった男系長子相続による厳格な家制度」を適用し、女性を「家督や家産の相続から排除され、成人して婚出したのちにも、法的無能力者として夫の支配下」(注9)に置いたのである。

　　各時代の女子教育の内容や方向をよく観察してみれば、ほぼそれぞれの時代の性格をうかがうことができる。期せずして、女子教育は、時代の『風見鶏』の役割を果たしている。(注10)

そこで本章では、以下、女子教育におけるジェンダー形成を、教科書に採択された国語教材を通して検討してみよう。

【教材1】 新保磐次編『女子日本読本』(金港堂　1895)

1893(明治26)年、文部省訓令として「女子教育ニ関スル件」が出されたが、それは「普通教育ノ必要ハ男女ニ於テ差別アルコトナク且女子ノ教育ハ将来家庭教育ニ至大ノ関係ヲ有スルモノナリ」として、教育の機会均等を示しながら、「良妻賢母」教育政策を明言するものであった。これを受けて、「本書ハ高等女学校国語科及ビ女子高等小学校読方科ニ用ヒンガ為ニ作レル者」として出されたのが『女子日本読本』である。

本書の特徴は、上編(第一〜第四)に、「養蚕、紡績」「和洋の食物」「編み物」(第一)、「菌」「大根、蕪」「猫の類」(第二)、「手料理」「種痘」「廃物利用」「女子の務め」(第三)、「女子の運動」「衣服の物料」「貯金」(第四)などの理科・家政科の実用的教材が配されていることにある。このことについては、「緒言」に「本書上編ハ多ク理科、家政等実用ノ題ヲ以テ文ヲ成セリ。然レドモ其ノ主意トスル所ハ有用ノ文字文章ヲ教ヘ、兼子テ其ノ志望趣味ヲ養フニ在リ、故ニ数学的其ノ他精細ノ専科的記載ヲナサズ」とあり、国

語の教材を強調してはいるが、その内容は生活に直結した実用的なものである。そのほか、貝原益軒の「童子訓」や「大和俗訓」「女大学」など、道徳的な教材も目につく。

【教材2】吉田弥平・篠田利英・小島政吉・岡田正美共編『女子国語読本』
（金港堂　1902）

　1899（明治32）年、「高等女学校令」が制定され、高等女学校は中学校から分離されて、中等女子教育機関であることが明確になった。これに続いて出された「高等女学校ノ学科及其程度ニ関スル規則」（1899年）で、学科目として「国語」と「習字」、随意科目として「漢文」があげられている。

　『女子国語読本』は広く用いられた教科書である。本書「例言」の次のような記述は、女子教育についての進歩的な一面を見せている。

　　本書に採用せる材料は広く各種の方面に渉りて一方に偏することなからしめ、且つ日新の知識学芸につきては成るべく新鮮なる材料を択ばんことをつとめたり。（中略）女子の読本に女子としての材料を要求するは当然なり。故に感情の教養に資するもの、家政教育に関するものの如きは一面には生徒の心力の発達を顧みつ、必要に応じて多く挿入したり。されど女子向きの材料に偏して、広く人としての要求に応ずる材料に乏しき弊をも避けんことに注意せり。（以下略）

この「例言」にあるように、実用的な教材はほとんど姿を消し、下田歌子、新井白石、福沢諭吉、滝沢馬琴、樋口一葉などの作品を載せている。当時の女子教育についての考えを示した教材として「女子教育」（安井てつ子）が載っているので、ここに引用してみよう。

　　修学の結果が女子天賦の諸能力を完全に発達せしむるに於いては、高尚なる教育は決して女子をして男子らしくならしむるものにあらざるなり。教育ある西洋婦人に対して吾が最も羨む所は、彼らが男子の如く何々の学位を有する学者たるにあらずして、彼らが規律正しくその家政を治め一定の主義を以てその児女を教育して真に妻たり母たる義務を尽くすにあり。（中略）吾れは断言せん「真性に女子を教育するときは決して女子の女子らしき美徳を損するものにあらず」と。

「規律正しくその家政を治め一定の主義を以てその児女を教育して真に妻

たり母たる義務を盡くす」という言葉に、女子教育が目指していた「良妻賢母」の女性像が端的にあらわれている。しかし、ここで言われている「西洋婦人」をモデルとする「家政を治める」女性は、あくまでも中産階級以上の女子を対象としたものであった。

【教材3】芳賀矢一編『改訂 女子国文』(富山房　1923)

　本書は、冒頭に「天照大神」という教材を据えている。この教材は、日本女性としてのあるべき姿を天照大神に見るものである。

　　　勤勉にして平和なる生活を営むは、日本国民の理想とするところなり。温良にして人の非を咎めず、慈悲の徳海広きは、日本夫人の美点と称せらる。されど、非常なる変厄に際しては、身を捨て難に殉ずるも亦日本女子の意気にあらずや。かけまくも畏けれども、皇祖天照大神は、げに日本女子の典型にてましますなり。

　この教材は、神話の人物である天照大神を日本女性の理想とし、軍国主義の道をたどる日本において、天皇支配とジェンダーが結びついた例である。

　ここでは、これ以上詳述する紙数の余裕はないが、これだけでも明治・大正期における国語教材は、言語の学習を成立させるための媒材というより、家を支え国を支える家庭婦人としての知識・教養・心構えなどを教えこむための内容中心のものであったということが言えよう。そして、教材の中でくり返し示される女性の生き方は、個のジェンダー形成に関わったばかりでなく、国家体制を維持する礎となる人間観をも植えつけたのではなかったろうか。

【教材4】荒木直之『女学生反省記』(図書研究社　1943)

　次に、昭和期のものとしては、国語教材ではなく、青木誠四郎氏が「長い間若い女性の導きに、その心を心として精進して来られた」と評価する、荒木直之氏の『女学生反省記』という書物を見てみたい。これは荒木氏自身が「女学生反省記が世に出るや、女学生たち、父兄、先生方の間に非常な反響をよびましたことは、私の本書を通しての教育目的が半ば達せられたことになりますので（以下略）」と言っていることから、教育的・啓蒙的意図のもとに書かれたものと考えてよいであろう。本書の中から、女学生自身が書いたという文章の一部を引用してみよう。

「女らしさとは？」　女らしさとは必ずしも昔ながらの弱々しさを指すのではありません。時代には時代の思潮があり、特徴があります。しかし、時代の色彩の中にも女性本来の姿があるはずです。この世が男女の協力によって形成されてゐる以上、女は女らしい特徴を発揮してこそ調和がとれるのです。（中略）男子にまけないやうな気持を抱くより女性は女性としての特性を生かす事を頭に置いて家庭でも社会でも働いてゆけば決して男子に嫌はれたりしないはずです。男女の違ひをはっきり認識しなければいつまでたっても女性は幸福になれません。云ひかへれば女性のよさを男子に知ってもらへるやうな人は男子のよさもわかり、幸福な生活に入れるわけです。

　この文章は、ジェンダーの本質を実によくあらわしている。まさに、隷属の「性」だが、その隷属を受け入れさえすれば、個人的な幸福に恵まれる可能性があるのが現実なのだ。現代においても、ここに書かれた内容に共感する女性は少なからずいるはずである。それは、人がなにに幸福を感じるかはまったく個別のことであり、それはジェンダーと関わらないように見える場合が多いからだ。

　明治・大正・昭和期を概観して明らかなことは、ジェンダーの形成に教育が大きなはたらきをしてきたということである。世間の性役割観を女性の徳目として顕在化させ、女性の特性として意識化させる上で、教育は決定的なはたらきをしたのである。

5　ジェンダーからの解放と国語教材

　1989年２月、「『教科書における男女平等』についての意見書」が日本弁護士連合会から出された。次いで1991年６月、伊藤良徳ほか３名の女性弁護士らによって『教科書の中の男女差別』（注11）が発行された。この本は、わずか１年あまりで第３刷となっている。これらの弁護士たちによる活動は、ジェンダーの形成そして解放に、教科書が大きく関わっていることを明らかにした。「意見書」の「提言」は次の通りである。

　　小中学校の教科書に関し次の通り提言する。固定的性別役割分担意識と「男らしさ」「女らしさ」の定型化された観念を、子どもに植えつけ、

助長する記述、写真及び挿絵を改善し、男女平等の理念に立ち、男性も女性も、共に人間として自立した豊かで多様な生き方を学ぶことができる教科書とすること。

「意見書」は、国語科の教科書について、「作品の芸術性やオリジナリティは尊重しなければならない」としながら、国語が「子どもの価値観や人生観に与える影響は大きい」として、教材の選択や学習の手引きなどについて取り上げている。

また、『教科書の中の男女差別』では、小学校・中学校教科書の具体的作品を取り上げて、それらを男女差別の視点から検討している。また、掲載作品の作者の性別や登場人物の性別も問題にし、よい教材を選び出すのは「編集者側のやる気の問題」としている。

国語教育に関わる者は、これら国語教科書に対する社会的な批判をきちんと受け止めていかなければならない。そのためには、批判的文言をただ重ねるだけではなく、批判された教材について、それを使用しないこと、さらには教科書から降ろすことも含めて、厳密な検討を進める必要があろう。そして、さらに大事なことは、ジェンダーからの解放を、具体的な教材を提示することで明確にすべきであろう。どのようなものを教材とするのかの積極的提案こそが、今、求められているのである。

しかし、これはかなり困難な仕事ではある。なぜなら、ジェンダーが問題視されるようになってから日が浅く、すぐれた教材が容易に見つからないからだ。しかし、それでも、国語教育に関わる者は、自らの責任において教材を発掘し、それを提示していかなければならない。そのことが、この問題を前進させる上でどうしても必要なことなのである。以下、紙数の許す限り私なりの提案を試みよう。

「ジェンダーからの解放を目指す教材」としてどのようなものが考えられるか、教材化の視点をあげておく。

①筆者、作者が女性である作品

「教科書におけるあらゆる次元の男女比は、数量的な問題が質の問題と深くかかわってきている。（中略）女性の執筆者を採用し、編集者に女性を組み入れていく」（注12）という指摘がある。女性の作品を意識的

に取り上げ、女性執筆者が、全体のほぼ3分の1から5分の1であるという現実を、数量的にバランスがとれるように改善していく。

②女性の登場人物がいて、その人物の描かれ方が類型的でないこと

　（小説、童話、詩の場合）現状では、主な登場人物としての女性は、ほぼ男性の3分の1以下であり、登場人物の上でも男女のバランスをはかる必要がある。登場人物は、類型的ではなく、人間性豊かに描かれているものが欲しい。すぐれた文学作品は、いかなる場合も類型的な人物像を描くようなことはないが、ジェンダーの問題を意識化するためには、なおのこと、現実とそこでの人間の生き方とがリアルに描かれている必要がある。

③男女の関係が類型的でなく、おたがいを認め合って共に生きる者であること

　（小説・童話・詩の場合）たとえば男性は外で働き、女性は家庭を守るというような、性別による固定化した関係ではなく、性別を超えた多様な関係を表現したものが望ましい。特に、異性を意識する年代の学習者は、世俗的な男女関係にとらわれる傾向にあるので、ジェンダー・フリーな男女の関係が示されている教材が必要である。

④男女の差別や役割意識の現実に対する批判的な視点に立つものであること

　すぐれた文学作品あるいはノンフィクション作品が、必ずしもジェンダー解放のためのすぐれた教材とは限らない。たとえばそこに、どのような人間の真実が描かれていても、読み手の生き方を変えるほどの衝撃力があっても、女性の人権保護や男女差別を意識化するものでなくては、ジェンダー解放の教材とは言えないのだ。もちろん、ジェンダーは女性だけの問題ではないが、今、早急に求められているのは、女性の尊厳に関わることだからだ。したがって、世界女性会議で取り上げた12の重大問題領域に関わるものであることが求められる。

　特に、今日、ジェンダーからの解放という課題にこたえるためには、性役割の意識からの解放と人間としての自立への思考を持つ作品を掘り起こしていく必要がある。

以上のような視点から、次に１つの教材例を提案しよう。

【提案教材】「女性と言葉」
　この教材は単一の作品ではなく、数編の言葉に関する評論を取り上げて教材化するものである。言葉の問題を教材化するのは、それが小中学生にとって、もっとも身近な問題として取り組めるものだからである。小学生の高学年から中学生の女子は、頻繁に、いわゆる「男言葉」を使うという現実がある。そういった点では、言語の上での男女平等を果たしているかのように思われがちだ。しかし実際は、男女の言語の違いを意識したものというより、むしろ「男言葉」であるがゆえのかっこよさに憧れているにすぎない。あえて自分自身を中性的に演出しているのである。だから、「男言葉」を日常的に使っている女子も、社会に出たとたん、公の場では「女言葉」を使うようになる。言葉の使い分けは、典型的なジェンダーの問題なのである。

教材例①落合恵子「男の子、女の子」（注13）からの要約

> 　ナツ子ちゃんは、いつも、ショートパンツをはいて、野球帽をかぶり、自分のことを「ボク」と呼んでいる。まわりの人たちはナツ子ちゃんを変わった女の子というが、彼女には彼女なりの理由がある。タカシ君は、五歳の男の子で、「ボク、女の子に生まれたかった」と言い出した。

教材例②寿岳章子「男と女―ことばと文学」（注14）からの要約

> 　「男まさり」という語は、広辞苑によれば、「女でありながら、気性が男にもまさるほどに勝ち気であること。また、そのような女。」ということになっている。

教材例③遠藤織枝「言葉と女性」（注15）からの要約

> 　現代語の中で女性はどのように表されているかを語彙と表現の面からみていくと、「男」と「女」はそれぞれの性の人間を表し、対応関係にある語と見られている。「男の声、女の声」「結婚したばかりの男と

> 女」のような生物的存在として使うときは対等の意味で使われるが、それ以外ではそうでない。(以下略)

　教材例①は、性別による損得観を子どもの目を通して描き出したもので、そこに言葉の問題が関わっている。具体的でわかりやすく、小学生にも理解できる。また、短いので教材化しやすい。文末に、次のように、ジェンダーの問題を男女で取り上げる意味が述べられている。

　　すべて女の子が、歴史や社会がデッチ上げてきた女らしさの神話から、自らを解き放つその時こそ……。男の子もまた、なんの科学的根拠も持たない、歪められた男性優位思想の足カセ手カセから自由になるその時である。

　例②③は、ともに、ジェンダーについて言語面から言及したものである。特に③は、「婦人」か「女性」か、「帰国子女」についてはどうかなど、具体的な言葉の問題を追究したものである。ここに取り上げた教材例は、いずれも、そのまま教科書に採用したり教室にもちこんだりできるものとは言いがたい。しかし、小・中学生のために書かれたジェンダーと言語に関する著作が見当たらない以上、教材化の方法を工夫してでも扱いたいものである。

6　今後の課題

　教科書編集にたずさわるようになって以来、女性の作品を教材化することを1つの目標としてきたが、現実に、小・中学校教科書に採用できる女性の作品はきわめて少ない。さらに、女性作家による女性が主人公の小説や童話となると、その数は数えるほどである。しかも、その主人公が、ジェンダーにとらわれない人物として描かれているものとなると、希有と言ってもいいだろう。編集にたずさわるものの努力だけに関わる問題ではないのだ。

　子どもたちに、ジェンダーを考えさせる教材は、教材の中にジェンダーが明らかにされていて、さらにそのことに問題意識がもてるようなものでなくてはならない。ジェンダーを批判し、それを解放しようとする視点が明確でない教材には、日本のジェンダーの教育を開いていく力はないのだ。

　まず、ジェンダーの問題を言葉の問題として意識化し、そこからの解放を

可能にするような教材を掘り起こしていかなければならない。もしそれが、童話・小説・詩や記録・説明・論説等の、すでに刊行されているものの中になかったとしても、身近なところには教材化の可能性をもつものがたくさんあるはずである。気をつけて見れば、私たちは、町で聞く言葉や、子どもたちの言葉のやりとりなどの中に、人権問題への意識づけの契機となるような事例を見出すことができるだろう。―そのような視点をもつことである。教材の発掘、あるいは開発は、ジェンダーの問題を言葉の問題としてとらえていく出発点なのである。

[注]

注1　目黒依子「ジェンダーとは」目黒依子編『ジェンダーの社会学』日本放送出版協会　1994

注2　有馬真喜子「朝日新聞」1995

注3・注4　東京女性財団『GENDER FREE　若い世代の教師のために』1995

注5　白井雅枝「日本の女性の実態反映せぬ日本政府報告」日本婦人団体連合会編『婦人白書1995』ほるぷ出版　1995

注6　野中三恵子「教育史における女子用国語教科書の研究」(東京学芸大学修士論文)

注7　渡辺秀樹「教育とジェンダー」(注1に同じ)

注8・注10　金森トシエ・藤井治枝『女の教育100年』三省堂選書12　1977

注9　青木やよひ『共生時代のフェミニズム』オリジン出版センター　1994

注11・注12　伊藤良徳・大脇雅子・紙子達子・吉岡睦子編『教科書の中の男女差別』明石書店　1991

注13　落合恵子「男の子、女の子」『季刊・女子教育問題』労働教育センター　1980

注14　寿岳章子「男と女―ことばと文学」『武蔵野文学42』武蔵野書院　(平成7年度版図書総目録)

注15　遠藤織枝「言葉と女性」『国文学解釈と鑑賞・特集　ことばと女性』至文堂　1991

2 国語教材（小学校）をジェンダーの視点から見る

1　教材とジェンダーの問題

　国語科の教科書教材は、言語が表現する内容面と無関係には成立し得ない。したがって教科書教材は、学習を通して、児童のものの見方や考え方に影響を与えることになる。もし、教材がジェンダーの問題をかかえるものであれば、国語学習の目標とは無関係に、「隠された（隠れた）カリキュラム」が機能して、ジェンダーの形成をうながすことになる。しかしながら、ジェンダーを問題とする認識は、歴史的に浅いものである。そのため、学校においては、家庭科の男女共習や人権教育、男女混合名簿などは進められてきたが、教科の問題としてはほとんど取り上げられてこなかった。

　1996年に第1刷が出て、瞬く間に第2刷が出たマイラ＆デイヴィッド・サドガー『「女の子」は学校でつくられる』は、アメリカの教育の実態を示すと共にジェンダーフリー教育を提案しており、教育とジェンダーの問題を取り上げる上で示唆に富む研究書である。その中に、次のような文言がある。

　　　児童生徒は学校で過ごす時間の大部分を教材学習に費やすのだから、教材の持つ影響力は決定的である。教科書は教室で学ばせる価値があると公認されている知識の集積体であり、そこにはアメリカの子どもたちにとって役割モデルとなる人間像が盛り込まれている。

　このような考えに基づいて教科書調査が行われ、改善の指示が出版社に向かってなされている。教材の問題性は日本においても共有すべきものであり、それゆえに彼らの取り組みは行動の方向を示すものであった。教科書教材はジェンダー形成に深く関わるということの確認と、教材の調査検討および改善のための提案は、国語教育にたずさわる者にとって、まさに今日的問題だと言えよう。

　では、日本ではこのような取り組みはまったくなかったのかといえば、そうではない。

　『「女の子」は学校でつくられる』に先立つこと5年、1991年に『教科書の中の男女差別』（明石書店）という先駆的な研究が出されているのである。

この本で取り上げられている教科書は、小学校で国語・社会・家庭・道徳、中学校で国語・社会・技術家庭・道徳である。そのうち、国語に関しては、小・中学校共伊藤良徳氏が担当執筆している。

伊藤氏の、小学校国語教科書に関する研究の概要は以下のようなものである。

> まず、物語教材の「作者と主人公の性別」を明らかにし、登場人物の職業・家事分担を取り上げている。この点については、児童作文例も問題にしている。また、「物語に登場する男の子、女の子の性格設定」を取り上げ、次のように分類している。
> ・いたずらな男の子と泣き虫の女の子「太郎こおろぎ」「沢田さんのほくろ」
> ・元気そうな男の子と小さなかわいい女の子「白いぼうし」
> ・大きな声で男らしく言う男の子とやさしい声で言う女の子「ろくべえまってろよ」
> ・力いっぱい豆まきをする男の子と、そっと豆をまく女の子「おにたのぼうし」
> ・すぐ泣く女の子「沢田さんのほくろ」「一つの花」
> ・恥ずかしがりの女の子「ふき子の父」「石うすの歌」
> ・賢い、勇気がある女の子「宇宙人の宿題」
> そして、元気な女の子を描いており、高く評価されるべき作品として「ひっこしてきたみさ」「名前を見てちょうだい」をあげ、極めて問題のある作品として「どろんこ祭り」をあげている。

この研究は、作者と主人公の性別、登場人物の職業・家事分担に関しては、調査結果を数量的に表し、「性格設定」に関しては、具体的教材をあげて人物像の分析を行っている。

この調査の、数量的な判定方法と言語表現の具体的検討方法は、今日でももっとも有効な方法であろう。筆者も、基本的にはこの方法を踏襲して調査検討を行っている。しかしながら、教科書教材の全体像が見えにくいこと、教材の具体的検討が充実しているとはいいがたいこと、教材のベースとなる

児童文学への言及が見られないことなど、問題がないわけではない。

これらの研究からほぼ10年を経過し、「男女共同参画社会基本法」(平成11年6月公布) の成立を見るまでに、社会のジェンダーに対する認識は進歩している。「ジェンダー」という言葉の認知度も上がってきている。にもかかわらず、教科書教材とジェンダーを関係づけた研究にはほとんど進歩は見られない。「女の子」も「男の子」も、学校でつくられてはならない。国語教育はジェンダー形成を促すようなものであってはならない。これは人権の問題なのだ。そのことを、問題化し続けなくてはならない。そのために、まず、現行の小学校国語教科書の教材について、ジェンダーの視点から検討してみよう。

[参考]　金井景子編著『ジェンダー・フリー教材の試み　国語にできること』(学文社 2001.3) も、ジェンダーの視点から国語教材を取り上げた研究書である。教員あるいは教員を志す者が「ジェンダー・フリーを目指す」という課題のもとに、「長くつ下のピッピ」などを自主的に取り上げ、教材化して授業構想を付した提案集となっている。

2　主要な登場人物の性による教材の分類

平成16年度使用の小学校国語教科書は、大阪書籍、学校図書、教育出版、東京書籍、日本書籍、光村図書の6社が発行している。各社共に「1年上」から「6年下」まで12冊、6社合計で72冊を教材分析の対象とし、主要な登場人物の性別、つまり、Ⅰ「主要な登場人物が男性の教材」、Ⅱ「主要な登場人物が女性の教材」、Ⅲ「主要な登場人物の性別が不鮮明な教材」の3類に分類すると、以下の表のようになる (ここではⅡのみを紹介する)。

【Ⅱ「主要な登場人物が女性の教材」】

光=光村図書　教=教育出版　学=学校図書　大=大阪書籍　東=東京書籍　日=日本書籍

1年下	いまえよしとも かどのえいこ きしなみ	うみへのながいたび サラダでげんき たぬきの糸車	教 東 光
2年上	あまんきみこ 杉みき子	ひつじ雲のむこうに コスモスさんからお電話です	学 大
2年下	あまんきみこ	名前を見てちょうだい	東
3年上	岡田淳 長崎源之助	消しゴムころりん つり橋わたれ	教 学・大

3年下	あまんきみこ	ちいちゃんのかげおくり	光
	七尾純	がんばれわたしのアリエル	大
	松谷みよ子	やまんばのにしき	大
4年上	今西祐行	一つの花	教・大
	サリー・ウイットマン	とっときのとっかえっこ	東
	ルシール・クリフトン	三つのお願い	光
4年下	今西祐行	一つの花	光
5年上	石井睦美	新しい友達	光
	岡田淳	チョコレートのおみやげ	学
	ポール・ジェラティ	ちかい	東
	ローラ・インガルス・ワイルダー	プラム・クリークの土手で	光
5年下	ジェイン・ヨーレン	月夜のみみずく	光
	杉みき子	わらぐつの中の神様	光
6年上	長崎夏海	美月の夢	教
	那須正幹	マコちゃん	大
	ミスカ・マイルズ	アニーとおばあちゃん	学
6年下	谷真介	石になったマーペ	日
	山本加津子	きいちゃん	光

3　分類した教材の数的バランス

　取り上げた教材は、全部で156編になる。「おおきなかぶ」や「かさこじぞう」「ごんぎつね」など、複数回教材化されている場合は、その頻度数を数えることとする。学年毎の教材数は次ページの表のようになる。

　Ⅰ類の教材数は105編。156編中105編は67％になる。Ⅱ類の教材数は28編。156編中28編は18％になる。Ⅲ類の教材数は23編。156編中23編は15％になる。Ⅰ類の「主要な登場人物が男性」の教材数が圧倒的に多いことは一目瞭然であり、Ⅱ・Ⅲ類の数値と大きな開きがある。

　また、学年毎のⅡ類教材の割合を見てみると、もっとも多いのが5年上の36％である。しかし、あとはほぼ10～20％台で、Ⅰ類との開きは大きい。特に、「1年上」については、主要な登場人物が女性であると判断される教材はなく、よって0％ということになる。入門教材となる「1年上」の教材は、既成の児童文学作品に依存することなく、編集者による書き下ろしも可能であり、現に記名のない教材も見られる。そうであるにもかかわらず、性別から見て、偏りのある教材群になっているのが実情である。

【主要な登場人物の性別による分類】

	Ⅰ主要な登場人物が男性	Ⅱ主要な登場人物が女性	Ⅲ性別が不鮮明	Ⅰ・Ⅱ・Ⅲ類の合計数	全教材に対するⅡ類教材
1年上	9	0	6	15	0%
1年下	12	3	2	17	18%
2年上	11	2	3	16	13%
2年下	11	1	1	13	8%
3年上	7	3	2	12	25%
3年下	11	3	2	16	19%
4年上	10	4	2	16	25%
4年下	9	1	0	10	11%
5年上	5	4	2	11	36%
5年下	7	2	2	11	18%
6年上	8	2	0	10	20%
6年下	5	3	1	9	33%
計	105	28	23	156	
割合	67%	18%	15%		

　このような数的バランスの悪さは、もちろん、教科書編集の問題だけではない。小学生の教材として提供するのにふさわしい内容をもった、また、教材化するのに適当な長さの児童文学作品が、圧倒的に男子を主要な登場人物とした作品によって占められているからだ。読み手が圧倒的に男子の方が多いとか、読み手がそれを希望しているとかいったことではなく、書き手が男子中心の作品を書いているのである。そこに、女性を特に取り立てて、「学生」に対して「女学生」、「医者」に対して「女医」、「教師」に対して「女教師」、「作家」に対して「女流作家」のような、男性が基本で女性は特殊であるという旧来の男女観の影響がないだろうか。女性を主要な登場人物にすることに"あえて"するというようなめんどうくささはないだろうか。近代文学にも児童文学にも〈男の、あるいは男の子の物語〉はあふれているのに対し、〈女の、あるいは女の子の物語〉は比すべくもないくらい少ない。このような状況が変わらない限り、教科書教材の改善も見通しが暗い。

　今日、教育にたずさわる者はだれも〈男が中心〉とか〈普遍的なのは男〉などと思っていないだろう。しかし、国語の教科書の中で、生き生きと動き回っているのは男子が多く、女子の出番がきわめて少ないということになれ

ば、〈男が中心、普遍的なのは男〉ということを認めていることになる。教科書の公共性を考えれば、看過できない重要な問題だ。ことに教科書の編集者は、教科書編集にあたって、少なくともこのような性別に関する数的バランスを意識し、教材の開発に努める必要がある。まちがっても、女子は男子中心の作品を読み慣れているけれど、男子は女子中心の作品に慣れていないから、特に女子が活躍する教材を載せることはないなどと考えてはならない。性別に関わる数的バランスを問題にすることは、ジェンダーを克服する上での重要な要素である。たとえば、高等教育や雇用等において、差別され弱い立場にいる者を積極的に取り入れていこうとするポジティブ・アクション（アファーマティブ・アクション）もその例だが、現状を当然のこととせず、そこに問題を見出し、そしてそれを是正していくことが大事なのだ。ジェンダーの克服は、今あるものを見直すことから、そして、そこに問題を見出すことから、地道に行っていくしかない。主要な登場人物が男性である教材ばかりを読まされるということは、男子にとっても女子にとっても不均衡なことにちがいなく、それが是正されない限り、国語科教科書は子どもたちのジェンダーの形成に深く関わり、バイアスを生みだすことになるだろう。

4　教材に見られる女性像の分析

　数的バランス以上に、ジェンダー形成に深く関わるのは、どのような人物像が提示されるかであろう。ここでは、前記のⅡ「主要な登場人物が女性の教材」として取り上げた25本の文学教材のうち、いくつかの考察を以下に示すことにする。

【教材1】「名前を見てちょうだい」　あまんきみこ（2年下　東京書籍）
〈あらすじ〉　お母さんに、裏に名前を刺繡してある帽子をもらったえっちゃんは、風に帽子をさらわれてしまう。野原では狐が、畑では牛が、えっちゃんの帽子を取ってしまい、その度に自分の名前に書きかえている。風に飛ばされて七色の林に行くと、大男が帽子を持っている。えっちゃんが「名前を見てちょうだい」と言っているにもかかわらず、帽子を食べてしまう。牛も狐も逃げ帰るが、えっちゃんは「食べるなら食べなさい。あたしおこっているから、あついわよ」と言う。すると、体が大きくなって大男と同じにな

り、今度は「あたしのぼうしをかえしなさい」と命じる。大男はしぼんでしまい、えっちゃんは帽子を取り返して遊びに行く。

〈考察〉 えっちゃんという女の子の、帽子を取り戻そうとする行動が、狐、牛、そして大男とくり返される。筋としては単純だが、えっちゃんのあきらめない強さが強調される。所有を示すはずの記名が、それを持った者の名前に変わってしまうという理不尽なできごとに、幼いえっちゃんは「へんねえ」と言うしかない。えっちゃんは記名を所有の印と認め、だからこそ、狐や牛の名前を見るととまどうしかないのだ。一方、狐や牛は、記名という制度を利用して帽子を手に入れようとする。えっちゃんは手が出せない。しかし、帽子を飲み込み「名前も食べちゃった」という大男に対しては、そのやり方が暴力的なものであるから、えっちゃんは怒り、向き合ってひけを取らない。相手がどのような存在であろうと、自分の所有を主張して、「あたしのぼうしをかえしなさい」と、敢然と命令する。帽子を取り戻すことは、自分の所有権を認めさせることであり、たとえ相手が自分をはるかに超える大きな存在であっても、また、たとえ自分は子どもであっても、自分の権利を宣言していいということだ。ジェンダーの視点からみると、えっちゃんという幼い女子が、帽子を取り戻すまで、ひたすらに相手を追求する姿勢が評価できる。無力な子どもであっても、腕力や知恵ではなく、心の底から権利を主張することで、理不尽な状況を解決するのだ。元気で、たくましくて、あきらめないで、積極的に困難に立ち向かう姿は、理想的な女子像の１つだといってもいいだろう。

【教材２】「つり橋わたれ」長崎源之助（３年上　学校図書・大阪書籍）

〈あらすじ〉 母親が病気のために山の祖母に預けられたトッコ。トッコは東京の自慢話をしたため、山の子どもたちに仲間に入れてもらえず、かえって、つり橋を渡れないことではやし立てられる。友達のできないトッコはひとりぼっちだ。さびしくて山に向かって「ママーッ」と呼ぶ。すると、やまびこがかえってくる。そこに、絣の着物を着た男の子が現れる。その子はトッコの真似をする。トッコは追いかけながら、いつの間にかつり橋を渡り、山の子どもたちの仲間になることができる。

〈考察〉 母親が病気であること、そのために山の祖母のもとに預けられた

こと、子どもにとってはとても不幸なことで環境の激変ともいえる。弱みを見せたくないというトッコだが、それは心細さの裏返しになっている。たとえ、やまびこであっても声がかえってくる、その反応を嬉しいものと思うほど孤独であったのだろう。トッコがつり橋を渡ったのは、勇気が出たからではない。孤独なトッコにとって、突然現れた、山の精を思わせる少年しかいなかったから、その子を追ったのだ。結果として、山の子どもたちの仲間に入ることができたのだから、着物を着た子は救い主になった。しかし、つり橋を渡るのはきっかけであって、慣れない環境に順応していくことができたのには、書かれてはいないけれどトッコ自身の困難を乗り超えていく力があったはずである。ジェンダーの視点から見ると、山の精の出現が気にかかる。また、もしトッコが男子だったら、偶然に難関をクリアするというのではなく、力や知恵を発揮することで、あるいは勇気を出すことで、山の子どもたちの仲間に入ることができたのではないかと思わせる。

【教材3】「プラム・クリークの土手で」 ローラ・インガルス・ワイルダー（5年上　光村図書）

〈あらすじ〉　ローラは、流れの速いクリークにかかった橋の上から、足を水に入れ、ばたばたさせておもしろがっている。「この楽しそうなクリークの中に、体ごと入っていきたい」と思うようになり、水に入るが、すぐに水の恐ろしさに気づく。体の芯まで冷え切って、ようやく橋の上に体を引き上げることができる。

〈考察〉　水にひかれて流れに入ってみたいと思うのは、活動的な男子だけではない。女子もそういう気持ちになることがあるし、ローラのように、実際に入ってしまうこともある。女子にも、冒険心はあるし、無茶をすることもある。それで困っても、ローラは、自力で水とたたかい、勝利する。そして、自然の脅威や人間の無力さを知る。また、人間は自然に勝つことができるという自信ももつ。自力で自然と対決したからこそ、自然と人間の関係を学ぶことができたのである。ドラマチックなできごとの中で、ローラの行動や心情がリアルに描かれる。ジェンダーの視点から見ても、生き生きとした、リアリティのある女子像を示すものとしてすぐれた教材である。

5 ジェンダーの視点から問う教材価値

「主要な登場人物が女性の教材」25編をジェンダーの視点から分析した結果、各教材の問題点、あるいは評価すべき点などが明らかになった。そこで、共通項を設けて教材をグループ化してみると、次のようになる。

A 性別役割分業が描かれているもの
　「うみへのながいたび」「サラダでげんき」「たぬきの糸車」
　「やまんばのにしき」「アニーとおばあちゃん」「きいちゃん」

B 女性のコミュニケーションの描き方に問題があるもの
　「マコちゃん」

C 女性の問題解決能力を認めていないもの
　「つり橋わたれ」「新しい友達」

D 女性像の描き方が不十分であるもの
　「一つの花」「チョコレートのおみやげ」「美月の夢」

E "女らしさ"のイメージが教材のイメージとなっているもの
　「ひつじ雲の向こうに」「コスモスさんからお電話です」
　「ちいちゃんのかげおくり」「石になったマーペ」

F ジェンダーを超える女性像が描かれているもの
　「名前を見てちょうだい」「消しゴムころりん」「やまんばのにしき」
　「とっときのとっかえっこ」「三つのお願い」「ちかい」
　「プラム・クリークの土手で」「月夜のみみずく」
　「がんばれわたしのアリエル」「わらぐつの中の神様」

Fグループこそ、ジェンダーの視点から見た時、望ましい女性像や女性のコミュニケーションが描かれた教材群である。10編取り上げることができたが、そのうち5編は外国作品である。また「がんばれわたしのアリエル」「わらぐつの中の神様」の2編は、積極的にジェンダーを超える女性像を示しているわけではないが、ある意味で新しい女性像であるということで、Fグループに分類される。

6　児童文学の問題

　国語の「読み」の教材は、すべてがいわゆる児童文学作品である。原典主義であるため、教材化においてもほとんど改変は見られない。したがって、ジェンダーの視点から見た時内容に問題のある教材は、児童文学作品としても問題をもつということになる。前掲のように、「ジェンダーを超える女性像」を描いた作品として10編を数えることができたことは評価すべきことだが、積極的に意味を認めることができる日本の作品は、実は３編にすぎない。その３編も、５編の外国作品が、性別を超えた個性的で生き生きとした女性像を描き出しているのに対して、人物像としてはやや類型化しているとも言える。児童文学の世界に、ジェンダーを超えたさまざまな人物像が見出せない限り、教材の改善がなされるわけがない。

　教室で、集団でくり返し再読され、作品の意味を深いところで探ろうとする「読み」の学習においては、教材がジェンダー形成に関わることは疑う余地もない。しかし、たった一度しか読まれなくても、作品に描かれた人間像や人間関係は、それを読む子どもたちのものの見方になんらかの影響を与えるだろう。書き手がもつジェンダーバイアスが作品にあらわれる時、読み手である子どもたちもまた、ジェンダーバイアスを形成し、ジェンダーが再生産されていくことになるのである。

　教科書教材として選択される児童文学作品は、全体のごく一部でしかない。さまざまな角度から検討され、厳選された作品である。そこに、多くの問題が見出されるとしたら、全体はどうであろう。

　学生と児童文学作品をジェンダーの視点から読み直すという研究を行った（都留文科大学国語教育学ゼミ『みんなのほんばこ―ジェンダーの視点からみる児童文学―』）。取り上げることができた作品が多くはなかったので、全体像を把握したことにはならない。しかしながら、結果としては、ジェンダーフリーを進める作品が多いとは言えなかったし、逆に、ジェンダーバイアスを植えつける可能性のある作品も少なくはなかった。児童文学に教育性が求められるとするなら、ジェンダーという視点も意識しなければならない。

　国語教育に視点を置いていうなら、既存の教材がジェンダーバイアスの形

成につながるかどうかを問うにとどまらず、ジェンダーからの解放を思考する作品を教材として発掘する努力をしていかなければならない。また、言語の教育の視点から、それぞれの内なるジェンダーを意識化し、克服する方向での実践のあり方を具体的に明らかにしていかなければばらない。さらに言うなら、国語の教材を変えるためにも、また、読書活動を豊かなものにするためにも、ジェンダーを超える新しい児童文学がよりいっそう充実することに期待したい。教育界から児童文学界へ、新しい女性像を提出する児童文学の登場を、要請し続けていかなければならないと考える。

3 文学教材（小学校）とジェンダー
―ジェンダーを教材研究の視点とする―

1 教材とジェンダーの問題

大学生に、これまでに読んだ文学作品の中で、もっとも心に残っているものをあげてもらったところ、「こころ」「山月記」「故郷」などの中にまじって少数ではなく「ごんぎつね」や「一つの花」が入っていた。小学校の教材である。このできごとは、小学校の国語教材が与える影響の大きさをあらためて確認させるものである。

小学校の国語教材が子どもに与える影響が大きいとしたら、それはよい面においても悪い面においても言えることである。国語教材は人格形成に関わると思えば、その選択には慎重にならなくてはならない。しかしながら、通常、国語教材は教科書に収載されているものを使用している。教師が教材選択から行うことは、いろいろな点においてむずかしい。そうであれば、せめて、自分が使う教材については多角的に検討しておくことが求められるであろう。本論では、ジェンダーの視点から教材を取り上げ、問題を追究し、また評価を行っている。教材研究の視点の1つとして、ジェンダーを定着させることを提案するものである。

2 主要な登場人物の性別による教材の分類

平成16年度使用の小学校国語教科書は、大阪書籍、学校図書、教育出版、東京書籍、日本書籍、光村図書の6社が発行している。各社共に「1年上」から「6年下」まで12冊、6社合計で72冊を教材分析の対象とする。

国語の教科書は、「話すこと・聞くこと」、「書くこと」「読むこと」、「言語事項（漢字）」の領域で構成されている。そのうち、「読むこと」の教材は「文学」と「説明文」の2系列から成っている。今回、研究の対象とするのは「文学」であり、その中でも、物語、童話、小説を取り上げることにする。

教科書（平成16年度使用）に収採された教材（物語、童話、小説）を、主要な登場人物の性別、つまり、「Ⅰ　主要な登場人物が男性の教材」「Ⅱ　主要

な登場人物が女性の教材」「Ⅲ 主要な登場人物の性別が不鮮明、あるいは性別のない教材」の３類に分類すると、以下の表のようになる。

【Ⅰ 主要な登場人物が男性の教材】

光＝光村図書　教＝教育出版　学＝学校図書　大＝大阪書籍　東＝東京書籍　日＝日本書籍

	作者	教材名	所収出版社
1年上	はそべただし やざきせつお ロシア民話 （未確認）	おむすびころりん けむりのきしゃ おおきなかぶ たぬきのじてんしゃ	光 教 学・教・光・大・東・日 学
1年下	アーノルド・ローベル おかもといちろう かさのゆういち かわむらたかし かんざわとしこ こいけたみこ こいでたん こうやまよしこ ジャック・キーツ なかがわりえこ ハンス・ウィルヘルム まつのまさこ	お手がみ はんぶんずつ　すこしづつ ぼくんちのゴリ 天にのぼったおけや ぴかぴかのウーフ ねずみのおきょう ゆきの日のゆうびんやさん はじめは「や！」 ピーターのいす くじらぐも ずっと、ずっと、大すきだよ ふしぎな竹の子	教 大 光 大 大 日 東 学 日 光 光 学
2年上	アーノルド・ローベル いわさききょうこ かんざわとしこ かんざわとしこ 金恵京 みやかわひろ みやにしたつや やざきせつお やましたはるお レオ・レオニ	お手紙 かさこじぞう くま１ぴき分はねずみ百ぴき ちょうちょだけになぜなくの とらとふえふき クロはぼくの犬 ニャーゴ うしろのまきちゃん 手紙をください スイミーお手紙	大・日 学 学 教 大 日 東 教 東 光
2年下	アーノルド・ローベル あまんきみこ いわさききょうこ おおつかゆうぞう ごとうりゅうじ まつたにみよこ 森山京 レオ・レオニ	お手紙 きつねのおきゃくさま かさこじぞう スーホの白い馬 草色のマフラー 三まいのおふだ いいものもらった アレクサンダとゼンマイねずみ	光 教 教・東・日・大 光 日 光 大 教

	作　者	教　材　名	所　収　出　版　社
3年上	あまんきみこ	おにたのぼうし	教
	あまんきみこ	白いぼうし	日
	アンナ・ヴァーレンベルイ	大きな山のトロル	学
	大野允子	母さんの歌	大
	長崎源之助	ガラスの花よめさん	日
	李錦玉	三年とうげ	光
	李慶子	テウギのとんち話	東
3年下	緒島英二	海の光	学
	川崎洋	わにのおじいさんのたから物	学
	川村たかし	サーカスのライオン	東
	斉藤隆介	モチモチの木	光・日
	ジュディス・ボースト	ぼくはねこのバーニーが大好きだった	東
	ジョイ・コウレイ	大砲の中のアヒル	学
	スーザン・バーレイ	わすれられないおくりもの	教
	ハーウィン・オラム	アナグマの持ちよりパーティ	日
	ホンシュンタオ	マーリャンとまほうの筆	大
	三木卓	のらねこ	教
4年上	あまんきみこ	白いぼうし	学・光
	アリス・マクラレーン	小鳥を好きになった山	学
	岡田喜久子	海、売ります	日
	尾崎英紀	あ・し・あ・と・	東
	川村たかし	雨の夜のるすばん	大
	西村まり子	ポレポレ	学
	舟崎靖子	やい、とかげ	教
	村田稔	ともに生きたい	大
	レン・ダーリン	チイ兄ちゃん	日
4年下	小林豊	世界一美しいぼくの村	東
	テリー・ジョーンズ	風のゆうれい	大
	新美南吉	ごんぎつね	学・教・光・大・東・日
	松谷みよ子	海にしずんだおに	日
5年上	石井睦美	五月の初め、日曜日の朝	学・教
	柏葉幸子	父さんの宿敵	東
	宮沢賢治	注文の多い料理店	大
	宮本輝	手紙	大
	あまんきみこ	おはじきの木	教
5年下	長崎源之助	父ちゃんの凧	学
	マーガレット・マーヒー	魔法使いのチョコレートケーキ	日
	宮沢賢治	注文の多い料理店	東・学
	椋鳩十	大造じいさんとがん	学・光・大

	作者	教材名	所収出版社
6年上	安房直子	青い花	学
	いぬいとみこ	川とノリオ	教・日
	今西祐行	ヒロシマのうた	東
	杉みき子	あの坂をのぼれば	東
	高橋正亮	ロシアパン	学
	宮沢賢治	やまなし	光
	森忠明	ふたりのバッハ	日
6年下	安房直子	きつねの窓	教
	いぬいとみこ	川とノリオ	大
	立松和平	海の命	光・東
	ビル・マーティン・ジュニア	青い馬の少年	日

以下の一覧表は3章の②にあげたものと同じであるが、登場人物の性別を比較するために、あらためて再掲しておく。

【Ⅱ 主要な登場人物が女性の教材】

	作者	教材名	所収出版社
1年下	いまえよしとも	うみへのながいたび	教
	かどのえいこ	サラダでげんき	東
	きしなみ	たぬきの糸車	光
2年上	あまんきみこ	ひつじ雲のむこうに	学
	杉きみ子	コスモスさんからお電話です	大
2年下	あまんきみこ	名前を見てちょうだい	東
3年上	岡田淳	消しゴムころりん	教
	長崎源之助	つり橋わたれ	学・大
3年下	あまんきみこ	ちいちゃんのかげおくり	光
	七尾純	がんばれわたしのアリエル	大
	松谷みよ子	やまんばのにしき	大
4年上	今西祐行	一つの花	教・大
	サリー・ウイットマン	とっときのとっかえっこ	東
	ルシール・クリフトン	三つのお願い	光
4年下	今西祐行	一つの花	光
5年上	石井睦美	新しい友達	光
	岡田淳	チョコレートのおみやげ	学
	ポール・ジェラティ	ちかい	東
	ローラ・インガルス・ワイルダー	プラム・クリークの土手で	光

	作　　者	教　材　名	所　収　出　版　社
5年下	ジェイン・ヨーレン	月夜のみみずく	光
	杉みき子	わらぐつの中の神様	光
6年上	長崎夏海	美月の夢	教
	那須正幹	マコちゃん	大
	ミスカ・マイルズ	アニーとおばあちゃん	学
6年下	谷真介	石になったマーペ	日
	山本加津子	きいちゃん	光

【Ⅲ　主要な登場人物の性別が不鮮明、あるいは性別のない教材】

	作　　者	教　材　名	所　収　出　版　社
1年上	おかのぶこ	はなのみち	光
	こうやまよしこ	どうぞのいす	大
	もりやまみやこ	はなび	教
	りやまみやこ	てがみ	東
	よだじゅんいち	ちくたくてくはいちねんせい	日
	（未確認）	いいものみつけた	学
1年下	あべひろし	雨つぶ	教
	こいけたみこ	ねずみのおきょう	日
2年上	くどうなおこ	ふきのとう	光
	もりやまみやこ	まど	東
	レオ・レオニ	ぼくのだ！わたしのよ！	学
2年下	あかぎみゆき	コンとピョン	光
3年上	工藤直子	すいせんのラッパ	東
	林原玉枝	きつつきの商売	光
3年下	岸田衿子	りんりんりん	光
	ジェイムズ・マーシャル	屋根のうかれねずみたち	教
4年上	アジアの笑い話	ホジャ物語他	教
5年上	宮沢賢治	おいの森とざる森、ぬすと森	日
	宮本輝	手紙	大
5年下	宮沢賢治	雪わたり	教
	木下順二	あとかくしの雪	日
6年下	清水康行	手話の世界	日

3　教材に見られる女性像の分析

　数的バランス以上に、ジェンダー形成に深く関わるのは、どのような人物像が提示されるかであろう。ここでは、前記の「Ⅱ　主要な登場人物が女性の教材」として取り上げた25本の文学教材を考察する。まず、各教材について、その「あらすじ」（概要）を紹介し、次にジェンダーの視点からの考察を加える。

　◆【Ⅱ　主要な登場人物が女性の教材】が提示する女性像

【教材1】「うみへのながいたび」　いまえよしとも（1年下　教育出版）

〈あらすじ〉　出産のために海を離れた白熊の母さん熊は、子熊の兄弟を連れて海へ帰る旅に出る。「うみだとおもっているほうにむかって、ただただまっすぐにあるく」旅だ。途中、雄熊から子どもを守り、ようやく海に着く。

〈考察〉　ここに描かれるのは、母熊の出産と子育てのドラマである。母熊は、それを本能というのか、学習したわけでもないのに、水しか飲めない状態で、穴を掘って子どもを生んで育てる。その姿は、生物学的には自然なものであるはずなのだが、人間の出産・子育てから見るとひどく過酷なものに思われる。そこで、母熊の苦労が強調される読み方をすると、母親とはそういうものだという、母性愛を強調することになり、固定的な母親像をつくり出してしまう可能性がある。

　出産や子育てについては、生命の尊厳を知り、自分自身を愛する心を育てるためにも、子どもたちに伝えるべきことの1つである。それが白熊であれ人間であれ、困難さを伴うことを伝えることも必要だ。しかし、少なくとも人間の子育てに関しては、母親1人が負うべきつとめではないということも同時に伝えなければならない。母熊の苦労や子を思う愛情に感動することは自然なことだ。それが、固定的な母親像につながらないようにするためには、多くの動物の出産・子育てを知り、人間の父親・母親の子育てのようすも知る必要があろう。

【教材2】「サラダでげんき」　かどのえいこ（1年下　東京書籍）

〈あらすじ〉　りっちゃんは病気のお母さんのために、元気になるサラダを作ってあげることにする。きゅうり、キャベツ、トマトを盛りつけた時、の

らねこがかつおぶしを入れるといいと言う。次に、犬がハム、すずめがとうもろこし、ありがさとう、馬がにんじん、白熊がこんぶを入れるように言う。言われたとおりにすると、今度はアフリカ象が飛行機でやって来て、油と塩をかけ、鼻で混ぜ合わせる。それを食べたお母さんはたちまち元気になる。

〈考察〉 りっちゃんという女の子が、動物たちのアドバイスを取り入れながら、病気の母親のためにサラダを作る話。りっちゃんは女の子だから料理をするわけではなく、また、もともと料理ができるとか得意とかいうわけではない。母親のためにという目的のもと、動物たちに援助されながら、目的を達成するのである。ジェンダーの視点から見ると、女子と料理は固定的役割として結びつきやすく、そのことを指導者は考慮に入れておく必要があるだろう。

【教材3】「たぬきの糸車」きしなみ（1年下　光村図書）
〈あらすじ〉 山奥に住む木こりは、いたずら者のたぬきに罠を仕掛けた。おかみさんは、毎晩、糸車を回すのをのぞいているたぬきをかわいく思っていたので、罠にかかったたぬきを逃がしてやる。冬になって木こりの夫婦は山を下り、再び山へ戻ると、たぬきが糸車を回して糸を紡ぎ、木こり夫婦のために糸の束をどっさり作っている。

〈考察〉 人間と動物の交流を描いている。たぬきの、罠から逃がしてもらったことへの恩返し譚だが、単に金品による恩返しではない。おかみさんから人間の技術を習得し、その技術を生かして山のような白い糸の束を仕上げたのだ。たぬきは、品物ばかりか技術が伝達されたこともおかみさんに示した。ジェンダーの視点からみると、糸を紡ぐのは女性の仕事として固定化されているので、固定的役割を示すという問題があるが、その一方で、糸を紡ぐという生産的な技術は、女性によって伝達されてきた。女性の担ってきた役割の重要性を伝えるという評価すべき点もある。

【教材4】「ひつじ雲のむこうに」あまんきみこ（2年上　学校図書）
〈あらすじ〉 仲良しのたけし君が引っ越してしまったために、泣いている「わたし」のもとに雲ひつじがやってくる。その子羊に誘われて雲の上に行ってみると、白い原っぱに羊や子どもたちがたくさんいて、たけし君もいる。雲の上から下を見ると、家が、笑っているとオレンジ色、ため息をついてい

ると紫色になることを知る。この体験は「わたし」にとって、心温まる思い出となって残る。

　〈考察〉　ジェンダーの視点から見ると、特に問題のある教材ではない。「ひつじ雲のむこうに」という題名だが、悲しい時でも楽しく遊べる原っぱがあるという、夢の場所を想定しているものだ。それが、希望をなくさないようにというメッセージになっている。また、笑いをオレンジに、ため息を紫に象徴したことで、登場人物だけでなく、読み手も自分の気持ちを客観化することができ、成長につながる内容となっている。

【教材5】「コスモスさんからお電話です」　杉きみ子（2年上　大阪書籍）
　〈あらすじ〉　ルミは、もらった風船をもって、コスモス通りを歩いている。茎の伸びたコスモスの花が「苦しい」と言っているのを聞いて、風船を結んであげる。スケッチをしていた絵描きさんと「コスモスさんがありがとうって言ってるよ」と喜び合う。コスモスつうしんきょくから電話で、お礼に、虹や夕焼けを見せてもらう。一月後、デパートで絵の展覧会があると知らされ出かけてみる。すると、あの絵描きさんが描いてくれたコスモスの中にルミがいる大きな絵が飾ってある。

　〈考察〉　ジェンダーの視点から見ると、大きな問題ではないが、コスモスを助けてあげるやさしい心や花との取り合わせが、男子には似つかわしくなく女子にふさわしいと、「らしさ」を強調する教材としてとらえられる可能性もある。物語としては、コスモスから電話がかかってくるという不思議な体験をファンタジックに描いたものである。

【教材6】「消しゴムころりん」　岡田淳（3年上　教育出版）
　〈あらすじ〉　授業中、さおりは消しゴムを床の穴に落としてしまう。するとやもりが出てきて、落とした消しゴムともう1つの消しゴムをくれる。見ていたはずの隣のゆきひろは見て見ないふりをしていて、さおりにはその態度が気に入らない。紙にゆきひろへのメッセージを書くが、それをやもりのくれた消しゴムで消すと特定の言葉だけが消える。さおりは、本当のことは消えない消しゴムだと思い、「ゆきひろはわたしのことがきらいです」と書くと、「きらい」だけが消える。そのことをゆきひろに伝えようとした時、ゆきひろの手が触れて、消しゴムは穴に落ちてしまう。

〈考察〉　さおりは、作文を書き終えた後、消しゴムを転がして遊んでいるような女の子で、時間をかけて作文を書き上げるとか、文章を推敲するとかいった、女子の特性と考えられているようなことはしていない。その点で女の子らしさにとらわれていない。非日常のできごとが、さおりにゆきひろへの好意を自覚させる。見て見ないふりをする気弱な男子と、そのような態度に不満を持ちながらも好意を感じているしっかり者らしい女子と、これもまた、類型的な組み合わせを感じさせるが、少なくとも、女子の男子に対する思いや行動を中心に書かれた教材として、意味を認めるところである。

【教材7】「ちいちゃんのかげおくり」　あまんきみこ（3年下　光村図書）
〈あらすじ〉　父親が出征する前日、父母、兄、ちいちゃんはかげおくりをする。ある夜、空襲があり、ちいちゃんは母親と兄からはぐれてしまう。2人を待って防空壕で日を過ごしていた時、みんなの声が聞こえ、ちいちゃんはかげおくりをする。空の上のお花畑を、ちいちゃんは笑いながらみんなの方へかけていく。

〈考察〉　まだ幼いちいちゃんが主人公であり、そのことが、ちいちゃんに起こった不幸をいっそう悲惨なものに思わせる。その反動として、反戦や平和を願う気持ちを強く抱かせる。ジェンダーの視点から見ると、ちいちゃんが男の子であっても物語に大きな変化はない。ただ、じっと家族を待つという姿に、女の子らしさを見出すということはあるかもしれない。

【教材8】「がんばれわたしのアリエル」　七尾純（3年下　大阪書籍）
〈あらすじ〉　小学校2年生のめぐみは、家族にパピーウォーカーになることを提案する。アリエルと名づけられた子犬を預かって訓練をし、とうとう訓練所に戻す日がくる。

〈考察〉　盲導犬を育成するために、子犬を預かって訓練するパピーウォーカーの話で、特にジェンダーとは関わりがない。しかし、動物の飼育や動物との交流を題材にした作品の登場人物は、男性もしくは男子が多い。女子が主人公というところに意味がある。また、めぐみは、家族の援助を受けながらも、犬の飼育を責任をもって達成する。そこに、行動力と責任感を見ることができる。

【教材9】 「やまんばのにしき」 松谷みよ子（3年下　大阪書籍）

〈あらすじ〉　やまんばが子どもを生み、体力回復のため村人に餅を要求する。だだはちとねぎそべという男たちが届けることになったが、渋る2人にあかざばんばが道案内をすることになる。途中、男たちは逃げてしまい、あかざばんばが1人でやまんばの小屋へたどりつく。やまんばの申し出で、あかざばんばは21日間手伝いをし、帰る時にはにしきをもらう。生まれた赤ん坊におぶわれて家まで帰ったが、そのにしきは、切って村人に分けても、またもとに戻る不思議なにしきであった。

〈考察〉　1人で子どもを生んで餅を要求するやまんばと、男が逃げ帰ったにもかかわらずやまんばのもとへ行き、そこで手伝いをするあかざばんばと、2人のたくましい女性たちが描かれている。2人はたくましいだけではない。やまんばは「村の人たちにめいわくかけなかたか」「だれもかぜひとつひかねえように、まめでくらすように、おらのほうできをつけてるでえ」と村人を案じ、あかざばんばは「村の人たちに申しわけねえ。おらが食いころされればすむこんだ」と、こちらも村人のために自分を犠牲にすることをいとわない。住むところは山と村と違っても、共に、強くしかも思いやりのある2人の女性の生き様が描かれている。ジェンダーの視点から見ると、民話に素材を取っているからなのか、いわゆる〝女性らしさ〟の枠をはみ出るおおらかな女性像が描かれている。

【教材10】 「一つの花」 今西祐行（4年上・下　教育出版・大阪書籍・光村図書）

〈あらすじ〉　戦時中のこと。逼迫する食糧事情の中で、ゆみ子は「一つだけ」という母親の口癖を覚えてしまう。出征する父親を見送るゆみ子は、父親のためのおにぎりを欲しがり、なくなってしまっても「一つだけ」と泣きやまない。そこで、父親はコスモスの花をゆみ子に与える。10年後、成長したゆみ子は母親とコスモスの咲く家で暮らしている。

〈考察〉　この教材において、ゆみ子の性別はほとんど問題にならない。幼い子どもが「一つだけ」と言ってものをねだる切なさが、飢餓といった戦争のもたらす悲惨さを伝えている。ジェンダーの視点から見ると、4年生ではむずかしいだろうし、また教材論の枠を超えるものだが、ゆみ子の成長の向

こうにある母親の人生に思いを寄せたいところだ。戦中・戦後を生き抜いたゆみ子の母親には、歴史的存在としての女性像が見出せるはずだからである。

【教材11】「とっときのとっかえっこ」 サリー・ウイットマン（4年上　東京書籍）

〈あらすじ〉　ネリーとお隣のバーソロミューの話。ネリーが赤ちゃんの時、バーソロミューはネリーをカートに乗せて散歩する。ネリーは成長し、バーソロミューは杖を使うようになる。バーソロミューが車椅子を使うようになると、今度はネリーがそれを押して散歩する。ネリーとバーソロミューの関係は、とっかえっこになったのだ。

〈考察〉　ネリーは女子でなくてもいいし、バーソロミューは男性でなくてもいい。そういう意味で性別に関わりのない内容だ。しかし、バーソロミューの子育ては、決してネリーを女の子らしく育てようとするようなものではない。カートに乗ったネリーはでこぼこや水しぶきを楽しみ、不必要な手助けを免れて自立していく。ネリーの成長は、甘やかされずに、できることを楽しみながら問題をクリアしていくものだ。女の子の成長のしかたと男の子の成長のしかたとは、その子どもの力で一歩ずつ進んでいくという点では少しも変わらないはずである。だからこそ、バーソロミューの老いは、今度は、一歩ずつ後退していく、自然なものととらえられるのだ。2人の間には年齢の違いだけがあって、それは壁になることがないどころか、それこそが「とっかえっこ」の鍵となるのだ。2人は仲間であり、同志であり、親友である。互いを認め合って、必要な時に自然に援助をする関係だ。ジェンダーから解放されるためには、このような人間関係のあり方を知ることが必要なのではないだろうか。

【教材12】「三つのお願い」 ルシール・クリフトン（4年上　光村図書）

〈あらすじ〉　ノービィは、1月1日に自分の生まれた年の1セント玉を拾い、「三つの願い」がかなうという言い伝えを思い出す。初めの願いをつまらなく使ってしまったので、家で、親友のビクターと使い方を話し合う。ビクターといさかいをした結果「帰ってよ」と言ってしまう。ビクターは外へ駆け出し、2つ目も終わる。「ママは何をお願いする」と聞くと、「いい友だち」と言われる。1セント玉を握りしめて「もどってきてくれないかな」と

言うと、ビクターが走ってくる。

〈考察〉 ノービィとビクターのように、女子と男子が親友という設定が、日本の作品の中にはほとんどない。2人で散歩し、将来も共にいようと考え、「三つの願い」のことで相談し合う。しかも、幸運を手に入れたのは女子のノービィで、彼女はビクターの脇役ではない。2人は性別を意識しないで話し合い、けんかをし、たがいに「あんな友だちは、なかなかいない」と思う。このような男女の友情関係をまったく普通であると子どもたちが思うようになれば、ジェンダーの束縛も克服されていくのではないだろうか。

【教材13】「新しい友達」 石井睦美（5年上　光村図書）

〈あらすじ〉 仲良しのまりちゃんがロンドンに行くというので、「わたし」はクロッカスの球根をあげる。手紙のやりとりも間遠になったころ、まりちゃんが帰ってくると知らせがある。帰国後、同じクラスに入ってきたまりちゃんは、以前にも増して元気な女の子になっており、そのことを「わたし」は「すなおに喜ぶことができない」でいる。ある日、坂本君に「すごく変だぞ」と言われる。坂本君は「新しい野中だと思えばいいんじゃないの」とも言い、「わたし」は気が軽くなって、そのことをまりちゃんに伝え、2人の間のわだかまりはとける。

〈考察〉 帰ってきた友達が、自分の心配をよそにクラスの中で元気にしていることが、「わたし」にはおもしろくない。「わたしの知っているまりちゃんではないような気がしてしまう」という言葉の中に、活躍するまりちゃんへの嫉妬や不満が隠れている。その思いを変えたのは坂本君である。坂本君が新しい見方を示したことで、「わたし」はとらわれを脱することができ、まりちゃんとの関係が修復される。「わたし」は、坂本君という外からのはたらきかけがなければ、問題を解決することができなかった。坂本君との比較において、問題解決できないのが女子で、発想の転換で解決をはかろうとするのが男子というように、見えてこないだろうか。ジェンダーの視点から見ると、自分自身の力で問題を解決せず、外からの提案を受け入れて問題解決をはかった、自立していない女子像が示されているように見えてしまうところが問題である。

【教材14】「チョコレートのおみやげ」　岡田淳（5年上　学校図書）

〈あらすじ〉　小学校5年生の「わたし」は、「みこおばさん」と神戸の異人館や港を見学する。休憩でチョコレートを食べた時、おばさんが「時間がとけていくみたい」と言う。そこからおばさんによる、風船売りとニワトリの物語が始まる。風船売りに嘘をついたニワトリが風見鶏になってしまう話だが、「わたし」がチョコレートを使って結末を作りかえる。

〈考察〉　主要な登場人物は「わたし」「みこおばさん」共に女性だが、作中物語とでもいうべき風見鶏の話では、人物はすべて男性である。風船売りの話は、チョコレートの口溶け感を、時間がとけるというように発想して生まれた物語である。「わたし」と「みこおばさん」は、交互にファンタジックな物語を紡ぎ出していく。ジェンダーの視点から見た時、特に問題があるわけではないが、2人の存在感は薄い。姪とおばという設定を生かして、「わたし」の視点から「みこおばさん」はどのように見えるのか、それをとらえると女性像に厚みが出たのではないだろうか。

【教材15】「ちかい」　ポール・ジェラティ（5年上　東京書籍）

〈あらすじ〉　ヤミーナは象を見たいと思っている。祖父とはちみつ取りに出かけ、ハンターのことを聞くと、ハンターになりたいと思う。しかし、祖父とはぐれ、母象をハンターに撃たれた子象を見つける。ヤミーナは子象を連れ、祖父に言われていたように、川向こうの村をめざす。途中、ハンターから隠れ、夜の恐ろしさを体験するが、ようやく象の群れと出会って、子象を託す。ヤミーナもまた、母親と出会える。

〈考察〉　ヤミーナは、最後に「あたし、ハンターにはならない」と誓う。体験を通してたどりついた誓いである。この教材は、ヤミーナが男子であっても内容に変化があるとは考えられず、その点で、性別に関わりない内容である。しかし、迷子になって心細いにもかかわらず、子象を救いたい一心で危険な草原を旅するヤミーナは、幼い女の子のイメージではない。祖父から教わった知恵で、子象を群れに戻すところは、男女の性別を超えて、たくましく自立した子どもの姿である。ジェンダーの視点から見ると、女子の類型を免れた行動する女子像である。

【教材16】「月夜のみみずく」　ジェイン・ヨーレン（5年下　光村図書）

〈あらすじ〉「わたし」と父親とでみみずくを探しに出かける。「わたし」は、父親の言うことを守り、寒さの中、暗い森を、期待をもって歩き続ける。ついに、父親の呼びかけにみみずくがこたえる。光の中に浮かぶみみずくを見る。

〈考察〉　散文詩だが、その物語性から、ここに取り上げることにする。父親は、兄達と同じように「わたし」のこともみみずく探しに連れて行く。父親は、男子である兄達と女子である「わたし」を差別せず、また、「わたし」も、時期が来ると当然のように、父の後をついて行く。みみずく探しは成長のあかしでもある。みみずくと「わたしたちじっとみつめあった」という瞬間を体験すること、「わくわくするのがすてきなんだ」という気持ちをもつこと、それは女子にとっても、成長の糧になるのである。ジェンダーの視点から見ると、自然との交歓が女子の目を通して語られることに、大きな意味をもつ教材である。

【教材17】「わらぐつの中の神様」　杉みき子（5年下　光村図書）

〈あらすじ〉　祖母が、母親とマサエにわらぐつの中に神様がいたという話を聞かせる。働き者のおみつさんは雪下駄ほしさにわらぐつ作りを始める。できあがった不格好なわらぐつを朝市で売っていると、若い大工さんがしげしげとながめた後に買ってくれ、市のたびにわらぐつを買ってくれるようになる。その若い大工さんは「心をこめて作ったものには、神様が入っているのと同じこんだ」「神様みたいに大事にするつもりだよ」と言って、おみつさんに結婚を申し込む。話を聞いたマサエに、そのおみつさんが祖母で大工さんが祖父だということが明かされる。

〈考察〉　台所で片づけ物をする母親の姿は、台所・家事・水仕事といった、女性に結びつく仕事の典型であり、ジェンダーそのものだ。しかし、朝市で現金収入を得るために働くおみつさんは、マサエの世代から見ても自立的である。しかも、祖母と祖父の結婚のいきさつが、「使う人の身になって、心をこめて作る」という価値観が両者を結びつけたことにあり、言ってみれば、対等な関係による恋愛結婚である。それを知ることは、マサエにとって幸せなことだ。祖父が祖母を、その仕事を通して認め、そこから愛情が生まれて、

互いに結婚を選択したのである。ジェンダーの視点から見ても、行動派のおみつさんと女性を尊重する若い大工さんという人間像が描かれることに、教材の意味がある。

【教材18】「美月の夢」 長崎夏海（6年上　教育出版）

〈あらすじ〉　美月は「将来の夢」という課題の作文に、悩みつつ「獣医になりたい」と書く。家に養老院から手紙が届いていて、季節ごとに手紙のやりとりをしていた沼田さんの死が知らされる。小学校1年生の時から手紙のやりとりをしていたが、沼田さんの葉書は、いつも「楽あり苦あり、それが人生。美月さんは、富士山のように大きく、たおやかな人になるでしょう」という同じ文面である。「富士山のような人」は、沼田さんのすてきな夢だとわかり、美月は「いろんなものを見て、いろんな人に出会いたい」というのが自分の夢だと確認する。

〈考察〉　葉書のやりとりという老人とのコミュニケーションが、美月の将来の夢と関連させて描かれている。しかし、「いろんな人に出会いたい」という夢は、沼田さんとの関わりを通して思いついたことではなく、作文の課題を見て漠然と考えた「行ってみたいところなら、たくさんある」という思いに戻ったのだと考えられる。沼田さんには沼田さんの夢があったという発見から、自分も自由に考えようと思えたのである。しかし、美月の沼田さんに対する気持ちは不明である。なぜ、いつも同じ文面なのか、「富士山のように大きく、たおやかな人」とはどういうことなのか、美月は尋ねようとはしなかった。沼田さんとの間に、どのような心の交流が生まれていたのだろうか。おそらく、美月にとって沼田さんの存在は希薄だったのだろう。ジェンダーの視点からみた時、特に性別の問題があるわけではないが、老人との関わりを描いているにもかかわらず、心の交流が見えない教材である。

【教材19】「マコちゃん」 那須正幹（6年上　大阪書籍）

〈あらすじ〉　語り手は「わたし」で、マコちゃんというのは同じクラスの大崎真琴のことだ。マコちゃんは、女子のサッカーチームをつくることを提案するような活発で積極的な性格だ。しかし、「わたしが知ってるマコちゃんは、男子にでも食ってかかるような子ども」のはずが、実は、お兄さんの命令で使い走りをしていると知る。マコちゃんの事情を知った「わたし」は、

元気のないマコちゃんを見て、「今のマコちゃんの力になってあげられるのは、わたししかいない」と思うようになる。

〈考察〉 読み手と等身大の女子が描かれている教材である。「わたし」は、体が大きく、運動が得意で、明るくてはきはきしているマコちゃんには「ちょっとついていけない気がする」と思っている。そのため、サッカーチームに誘われると「ほっといてよ」と拒絶する。サッカーチームが「三日もしないうちにつぶれてしまった」というところから、「わたし」以外の女子も、マコちゃんにはついていけないことが暗示される。マコちゃんというのは、憧れの的であると同時に羨望の的であり、群れから抜き出た異質性をもつ存在なのだ。「わたし」にとって、マコちゃんは仲間ではない。「わたし」と「マコちゃん」のコミュニケーションは、初めから対等性を欠いていたのである。

しかし、「男子も一目置いてい」たり、「女子もたよりにしてい」たりする時は敬遠していたマコちゃんが、お兄さんの使い走りをしているということを聞き、また、元気のないようすを見ると、俄然、「わたし」の身近な存在になってくる。そして、対等になったというより、むしろ立場の逆転が起こり、それが、新たなコミュニケーションの鍵となる。確かに、学級では、このような同情による女子同士のコミュニケーションは少なくないだろう。しかし、それぞれのよさや欠点を認め合った上で対等に成り立つコミュニケーションでなければ、自立した個と個の人間関係とはいえない。「わたし」の変化を、マコちゃんへの理解が深まったとでも読んで、このようなコミュニケーションをもつことができないということを具体的に表現しているようなものだ。女性同士が、もっとおおらかで豊かなコミュニケーションを成立させていくケースはいくらでもある。その点で、問題を抱えた教材であるといえよう。

【教材20】 「アニーとおばあちゃん」 ミスカ・マイルズ（6年上　学校図書）

〈あらすじ〉 ナバホ族の少女アニーは、ネイティブ・アメリカンの村に両親と祖母と4人で暮らしている。農耕と牧畜の生活であり、祖母や母は機織りをし、父は銀の首飾りを作っている。アニーもそろそろ機織りを始める年

頃になり、祖母は自分の死が近づいていることをみんなに伝える。母親の織っている絨毯ができあがる頃に大地に帰るという祖母の言葉に、アニーは母親が絨毯を織れないようにさまざまな妨害をする。祖母から「時間は戻せない」こと、「生きているものは大地から生まれて大地に帰っていく」ことを教えられたアニーは「自分も大地の一部」だという「神秘」に触れる。アニーは機を織ることを宣言する。

〈考察〉 ここには、はっきりとした役割分業が描かれている。機織りは代々女性の仕事であり、父親は決してしないし、母親は父親のしている銀細工はしないだろう。女性が子どもを生み、乳を飲ませるという肉体的必然から、生活上の役割分業は生じた。しかし、アニーがスクールバスを使って学校に行くように、アメリカ西部の広い砂漠にも、生活環境の変化が起きている。アニーの時代は、祖母や母のように、もはや素手で行う農耕や牧畜、そして機織りでは生きていかれない。生活の基盤である農耕や牧畜のあり方が崩れ、電気製品に囲まれた生活では、性別役割分業も成り立たなくなる。また、テレビや電話、インターネットなどのメディアの発達で、世界情勢も身近なものになる。アニーが、宇宙飛行士になる可能性があることに気づく日が来るかも知れないのである。ジェンダーの視点から見ると、女性問題を考える上でテーマとされてきたようなさまざまな問題が含まれている教材である。性別役割分業も肯定されている。しかし、生きることの哲学について考えさせるし、祖母・母・アニーと、女性三代の生き方を取り上げることができるという意味でも、教材価値をもつといえる。

【教材21】「石になったマーペ」谷真介（6年下　日本書籍）

〈あらすじ〉 昔の話として語られる。マーペは、年下のウダニを弟のようにかわいがり、成長するにつれて、2人は恋人同士になる。しかし、琉球王府の命令で、マーペはウダニと離れて遠くの地へ行かなければならなくなる。日が経つうちに、マーペはウダニが恋しくて、もう一度だけ会いたいと、ウダニの住む方角を見るために、高い山を登り続ける。そしてとうとう、ウダニのいる方を向いた形で石になってしまう。

〈考察〉 民話風の、切ない恋の物語だ。引き裂かれたマーペとウダニだが、マーペのウダニを恋しく思う気持ちの方がまさって、マーペは山に登り、そ

の姿のまま石になってしまう。山の由来ともとれる話だが、このように積極的に恋の行動を起こす女性を、そのことのみで、ジェンダーの視点から見て解放された女性というようにはとらえない。恋の情熱は、時代や制度に関わりなく、また性別を超えて、人にさまざまな行動をとらせるからだ。

【教材22】「きいちゃん」　山本加津子（6年下　光村図書）

〈あらすじ〉　障害があるために家族から離れて暮らす高校生のきいちゃんと、彼女を見守る教師の話。教師は、姉の結婚式に出ないでくれと言われて傷つくきいちゃんを励まし、姉の結婚の祝いに浴衣を縫うようにすすめる。手の不自由なきいちゃんが浴衣を縫い上げる。きいちゃんと共に結婚式に参列した教師は、浴衣を着た姉が、妹を「私の誇りです」と紹介するのを聞き、涙が止まらない。

〈考察〉「きいちゃんはきいちゃんとして生きていくのです」という教師である「わたし」の主張は、きいちゃんが自信をもつことができてはじめて言える言葉である。それは、障害があることを周囲に認められ保護されるということではかなわない。将来の展望を生んだのだ。この教材が取り上げているのは障害者に対する偏見と、障害者自身の生き方の問題であって、性差別の問題とは関わらない。しかし、女性で障害者のきいちゃんは、何重もの差別を受けていると言えるのではないだろうか。きいちゃんの行動、努力、決意は、個人レベルで差別を乗り超えようとするための第一歩である。ジェンダーとは関わらないように思われる教材だが、差別を乗り超える生き方が描かれている点で、女性差別の問題とも重なりをみせている。きいちゃんの場合と同様に、その人自身が人に依存せず自力でなにかを達成すること、「わたし」や姉のような支援者がいることが、さまざまな社会の差別状況を乗り超える道となることを示唆している。

以上のほか、「名前を見てちょうだい」「つり橋わたれ」「プラム・クリークの土手で」があるが、第3章の②にあり、そちらを参照いただきたい。

4　ジェンダーの視点から問う教材価値

25編の教材をジェンダーの視点から分析した結果、各教材の問題点、あるいは評価すべき点などが明らかになった。そこで、共通項を設けて教材をグ

ループ化し、それぞれの問題点、評価点を問うことにする。
A　性別役割分業が描かれているもの
　　【教材１】　「うみへびのながいたび」　…母親と育児
　　【教材２】　「サラダでげんき」　　　　…女子と料理
　　【教材３】　「たぬきの糸車」　　　　　…女性と糸紡ぎ
　　【教材９】　「やまんばのにしき」　　　…産後の看護と家事
　　【教材20】　「アニーとおばあちゃん」　…女性と機織り
　　【教材22】　「きいちゃん」　　　　　　…女性と和裁
　このグループについては、誤解を生じやすいので、はじめに述べておくが、「性別役割分業」が、どんな場合においても問題だということではない。たとえ、それが、男性の役割・女性の役割として固定化されていたとしても、時代によって、生活形態によって、一概に否定できるものではないからだ。しかし、扱い方によっては男性・女性それぞれの生き方を拘束してしまう可能性をもっている。ここでは、そういう意味で問題となる要素を含むものとして、取り上げているのである。
　上記教材のうち、たとえば、「うみへびのながいたび」の母熊が出産・育児をするのは、そしてその方法は、生物学的にまったく自然なことである。それが社会的につくられた性の特性ではないことから、こうして取り上げることに違和感があるかも知れない。その点では、「サラダでげんき」も、病気の母親のためにサラダをつくるというのが主たる内容であるから、けっして、料理は女子の役割だと決めている教材ではない。女性の仕事として固定化されたものが出てくるのは、「たぬきの糸車」の糸紡ぎと「アニーとおばあちゃん」の機織り、「きいちゃん」の和裁である。これらは、家の中で行う仕事ではあるが家事とはいえず、いずれも技術を必要とし、自家用のほかに、現金収入を得るための商品を生産するものでもある。女性にとっては数少ない職業につながる仕事である。その意味では、布に関わる仕事は、歴史的にみて、女性の経済力を裏づける大事な生産活動だったわけで、その重要性を認めないわけにはいかない。しかし、今日のように、女性の職業選択が自由に開かれている時代にあっても、仕事と性別の結びつきが強いものについては、それを根拠として選択にブレーキがかかる可能性がないわけではな

く、そのことが問題になるのである。

　「やまんばのにしき」は、あかざばんばが、やまんばの産後の看護や家事を行うことが女性という性に結びつくものとして取り上げた。この教材については、ジェンダーの視点から見ても、やまんばとあかざばんばという２人の考え方や行動が、いわゆる「女性らしさ」を超えるものとして高く評価できる。もちろん、産後の回復期には、女性にとって女性の看護者が望ましいということもあろうし、また、１人暮らしのやまんばには、たまたまやって来たあかざばんばしか看護や家事を頼めなかったという事情もあろう。それらを考慮した上でも、産後の看護や家事は男性でもできるという点から、Ａグループに分類したものである。

　以上、Ａグループに取り上げた「性別役割分業が描かれている」教材は、だからといって教材に大きな問題があるという教材群ではない。しかし、性別役割分業を固定化してしまうような、つまり、機織りは女の仕事で男がするものではないとか、やっぱり料理は女がするものだとかの、役割を性別で固定化してしまうことを肯定する考え方につながってしまう可能性が皆無だとは言えない。そこで、これらの教材を扱う時には、教材に描かれている役割と性別が、今日では固定的ではないという認識をもち、子どもたちにもその教材自体の意味や価値はまったく別のところにあっても、指導者が意識的でなければ、思いもかけないバイアスを生みつけることになるかも知れないのである。

Ｂ　女性のコミュニケーションの描き方に問題があるもの
【教材19】「マコちゃん」…女子同士のコミュニケーションのあり方
　今回の教材分析において、もっとも問題性があった教材である。
　「そりゃあ、私だって、マコちゃんみたいになりたいと思うことがある」という冒頭から、「わたし」がマコちゃんをおもしろく思っていないことが語られる。マコちゃんに対する羨望と嫉妬、自分自身に対する卑下、そしてどこかでマコちゃんを異質な存在と感じ、その異質性をとがめるような言葉がつらねられる。それが「わたし」のマコちゃんに対する「敬遠」の中身であろう。そして、この「わたし」の複雑な思いに、読み手、中でも女子の読み手は共感を覚えるのではないだろうか。なぜ、そう予想するかというと、

小学生の意識に関するアンケート調査（注１）からそう見えてくるものがあるからだ。

　アンケート調査によると、女子は男子と比べてさまざまなことに悩んでいることがわかる。すなわち、「勉強や成績のこと」に36.2％（括弧内は男子：32.4％）、「顔かたちやスタイルのこと」に28.2％（8.4％）、「自分の性格のこと」に27.2％（17.2％）、「友だちのこと」に26.8％（2.1％）というように、女子は、ほぼ30％の割合で悩んでいるのである。マコちゃんに対する「わたし」の複雑な気持ちの背景に、調査結果に見られるようなさまざまな悩みを想定することは容易だ。また、筆者自身は、「小学生・中学生・高校生のコミュニケーション意識に見られる男女の差異」（注２）において「男子に比べて女子の方が、仲間意識に支えられて積極的なコミュニケーション意識をもってはいるが、そこに本当の人間関係ができているとは言い難い」と述べたことがある。この教材の場合、「わたし」にとって仲間意識がもてているのはメグちゃんであるが、今、二人のコミュニケーションについて問うことはしない。問題は、「わたし」のマコちゃんに対するコミュニケーション意識である。「わたし」はマコちゃんを敬遠している。仲間意識をもてないからだ。しかし、同じく筆者の調査（注２に同じ）によると、女子の69.1％（50.6％）が、「お互いに遠慮なく話し合いたい」という、心からの親密なコミュニケーションを望んでもいる。おそらく「わたし」も、マコちゃんに対して、心の底ではコミュニケーションを望んでいたのだろう。

　読み手は、等身大の「わたし」に共感をもち、マコちゃんへの敬遠を理解するはずだ。しかし、本屋で見かけたマコちゃんの姿と、メグちゃんからの情報で、「わたし」のマコちゃん像がこれほど簡単に変化することを、理解するだろうか。マコちゃんの境遇に劇的変化が起きたということが書かれていない以上、変わったのは「わたし」のマコちゃんに対する見方になる。また、読み手は、「わたし」がマコちゃんに対する敬遠をといた理由を納得するだろうか。これでは、「わたし」は、勝手にマコちゃん像を描いて敬遠し、今度は勝手にマコちゃん像を変えて「今のマコちゃんの力になってあげられるのは、わたししかいない」と考える、自己中心の浅はかな女の子になってしまう。こういう「わたし」に、読み手は自立した人間としての共感をもた

ないのではないだろうか。このような関係は「お互いに遠慮なく話し合いたい」という望みが成立する関係ではないからである。

　「わたし」は、マコちゃんに対する自分の思い違いに気づくか、もしくは敬遠の無意味さに気づいて、「ちょっとついていけない気がする」マコちゃんであっても、コミュニケーションを結ぶ努力をすべきである。そういう「わたし」像が描けないとしたら、書き手の中に「女子のコミュニケーション」についての固定観念があるからではないだろうか。

C　女性の問題解決能力を認めていないもの

　【教材13】「新しい友達」　…男子の介入による問題解決

　Cグループの教材については、「女性の問題解決能力を認めていない」というくくりである。

　「新しい友達」は、Bグループにもつながる女子のコミュニケーションを扱った教材だ。「わたし」は、まりちゃんが転校することを3日前まで黙っていたことに、かすかに不満をもったに違いない。なぜなら、そういう大事なことを共有するのが仲間だからだ。しかし、別れに際しては、2人の関係が途切れないことを象徴するような球根を贈る。その球根は2人を繋ぐ役目になるはずだったが、時間は別々に過ぎていき、手紙もその流れに逆らえない。「わたし」には、球根が花を咲かせるほどに変化したことを目で確かめたにもかかわらず、自分たちの変化を確認することができない。友情とか仲間意識とかが、相手の現実を受け入れることで成り立つのなら、まりちゃんが帰国した時に違和感を感じることはなかったのに、「わたし」はそうではなかった。「新しい友達」の問題の1つが、ここにある。女子の友情が、相手をそのまま受け入れることではなく、自分の思いに当てはめて受け入れるような自己中心的なものとして描かれていることだ。女子のコミュニケーションをそのようにとらえているとしたら、書き手のバイアスである。

　もう1つの問題は、まりちゃんとの関係修復のきっかけが男子の言葉にあることである。男子である坂本君は、2人の関係を客観的で的確にとらえている。アドバイザーは女子であってもよかったはずなのに、男子を配したところに、書き手のもつ「冷静さ」「判断力」「客観性」「優しさ」などの"男らしさ"観がみられる。このことは、坂本君のアドバイスにもあらわれてい

る。坂本君は、まりちゃんを受け入れがたくて悩む「わたし」に、まりちゃんを「新しい野中」と思うよう、発想の転換を示した。第三者のアドバイスが膠着した状況に道をつけることはよくあることだ。しかし、「わたし」は自分の気持ちと向き合うことなく、まりちゃんに対する気持ちの雪解けに喜ぶ。その「わたし」に、まりちゃんは「あたしはあたしだし、ひろはひろでしょ。ほかの人にならないと思うよ」と言う。「新しい」別人ではなく、変化を受け入れることの大事さをいっているのだ。まりちゃんのこの言葉を受けとめなければ、友情の長続きはない。書き手はそのことを認識している。しかし、物語は「二人のまりちゃん」を肯定して閉じていく。

「わたし」の違和感、友情への懐疑は、そんなに簡単に消え失せるものではない。「わたし」の人間像が甘いから、リアリティーをもちえないのだ。

D　女性像の描き方が不十分であるもの
　【教材10】「一つの花」　　　　　　　　…母親の存在感が希薄
　【教材14】「チョコレートのおみやげ」　…子どもと大人の書き分け不鮮明
　【教材18】「美月の夢」　　　　　　　　…美月の人物像が不鮮明

Dグループは、ジェンダーの問題がある教材群ではないが、女性像という観点からは人物がとらえにくい。中でも、「美月の夢」は、女性像というより、どのような人間を描きたかったのかということさえ明らかではない。

E　"女らしさ"のイメージが教材のイメージとなっているもの
　【教材4】「ひつじ雲の向こうに」　　　　…女の子の優しい世界
　【教材5】「コスモスさんからお電話です」…女の子の優しい世界
　【教材7】「ちいちゃんのかげおくり」　　…女の子ゆえのいじらしさ
　【教材21】「石になったマーペ」　　　　　…女性の恋

Eグループは、「石になったマーペ」を除いて、幼さの残る女の子が主要な登場人物であるため、女性であることが物語のイメージをつくっているのか、それとも幼さがつくっているのかが明確ではない。しかし、もしも主要な登場人物が男の子だったらと仮定すると、物語のイメージは大きく変わるだろう。そういう点では、いわゆる"女の子らしさ"のイメージによって、柔らかで優しいイメージをつくり出しているともいえる。そうかといって、そのイメージは漠然としたものであり、ジェンダー形成に関わるといった問

題をもつものではない。

　「石になったマーペ」はこのグループの中では異質である。マーペの場合、女性というジェンダーではなく、激しく恋をする人なのであり、そこに女性観をみるとしたら、恋しさのあまり過激な行動をとるのは女性であるということになろうか。

F　ジェンダーを超える女性像が描かれているもの

　【教材6】　「消しゴムころりん」　　　…逸脱する女子像
　【教材8】　「がんばれわたしのアリエル」　…行動する女子像
　【教材9】　「やまんばのにしき」　　　…人間愛を示す女子像
　【教材11】「とっときのとっかえっこ」　…異質性を受けとめる女子像
　【教材12】「三つのお願い」　　　　　…友情を育む女子像
　【教材15】「ちかい」　　　　　　　　…生命に目覚める女子像
　【教材16】「月夜のみみずく」　　　　…冒険する女子像
　【教材17】「わらぐつの中の神様」　　…仕事を持つ女子像

　Fグループこそ、ジェンダーの視点から見た時、望ましい女性像や女性のコミュニケーションが描かれた教材群である。8編取り上げることができたが、そのうち4編は外国作品である。また【教材8・17】の2編は、積極的にジェンダーを超える女性像を示しているわけではないが、ある意味で新しい女性像であるということで、Fグループに分類している。

　「消しゴムころりん」のさおりは、これまでの女子に対するイメージを裏切るものである。強い女の子と弱い男の子という組み合わせは、ある意味では類型化しているともとれるが、女子の方から男子を見る視点で書かれた作品はそう多くはない。さおりの、望ましい女子像を破るリアリティに、逸脱する女子像を見ることができる。

　「がんばれわたしのアリエル」のめぐみは、盲導犬を育てるという社会的目的をもってパピーウォーカーになる。そのことだけで、この教材はFグループに分類することができる。この教材のように、行動する女子像が登場することは実に少ないのが実情である。

　「やまんばのにしき」は、Aグループでも取り上げたが、本来Fグループに分類される。民話に題材を取っている物語には、社会の都合でつくりあげ

られた女性像ではなく、地に足をつけて生きてきた、たくましくも優しい女性達がリアリティーをもってたくさん登場する。やまんばもあかざばんばも、村の人々を思う人間愛を示す女子像となっている。

「とっときのとっかえっこ」のネリーは、赤ちゃんの時から、男性でしかも年の離れたバーソロミューと過ごす。バーソロミューはネリーをお守りしているのではなく、共に楽しい時間を過ごしているのだ。性も違うし年齢も大きく隔たっているにもかかわらず、2人の間にはたがいを認め合う友情が育っている。2人の間で、性別はまったく問題ではない。"女の子らしさ"など超越した、ネリーのインターアクティブなコミュニケーションが心に残る。異質性を受けとめる女子像である。

「三つのお願い」は、ノービィとビクターの異性間の友情を描いた作品である。日本において、女子と男子が親友だと言い合えるような関係がどのくらい育っているだろうか。性別が、男女の友情の壁となっていないだろうか。それぞれがそれぞれの性にこだわっているところでは、互いの自然なコミュニケーションは生まれない。日本の子どもたちのコミュニケーションを豊かに広げるためにも、ノービィとビクターのような友情を知らせたい。ノービィは、友情を育む女子像である。

「ちかい」のヤミーナは、特に新しい女子像というわけではない。しかし、生命の危険にさらされながら動物の生命を守りぬくような役は、これまでほとんど男子が担ってきた。その常識を破って、ヤミーナが登場したわけである。ヤミーナは、生命に目覚める女子像である。

「月夜のみみずく」の「わたし」は、女の子がどのように扱われたいかということを訴えている。兄たちのすることは妹もしたいのだ。「わたし」は、兄と自分に対する扱いが同じことを誇らしく感じている。危険なこと、困難なことから守ってもらうだけでなく、女子にも機会を与えてほしいのだ。冒険する女子像である「わたし」はそう伝えてくる。

「わらぐつの中の神様」のおみつさんは、ジェンダーを超えるような女性像として描かれているわけではない。平凡で普通の女性にちがいない。しかし、欲しいもののために仕事をし、自分で手に入れようと行動する女性である。現金収入を求めて働くたくましさと仕事に注ぐ真心に、先駆的な仕事を

もつ女子像をみることができる。なお、その仕事ぶりに人間の魅力を見出して生まれる愛情も、書き手の人間観を示すものである。

おわりに

　以上、現行の小学校国語教材のうち、文学教材についてジェンダーの視点から分析を試みた。ここでは女子像の分析にとどまり、同時に行うべき男子像の分析には至らなかった。また、小学校国語教科書が平成17年度から新版に変わるので、新しい教材の分析も行う必要があった。しかし、17年度版教科書では、現行教材の流用も多く、ここで示したような分析の視点については、特に変更する必要はないように思われる。これまでは、国語科の教科書教材の全体を対象としたジェンダーの視点からの教材分析はまったく行われてこなかった。それがなによりも大きな問題であり、教科書編集や教材研究において、今後、ぜひ意識化しなければならないことである。本研究は、そのためのスタートを切る研究のつもりである。

　ここで取り上げた教材はわずかに22編だが、すべてがいわゆる児童文学作品である。教材を変えるためにも、新しい児童文学の登場に期待した。教育界から児童文学界へ、新しい女性像を提出する児童文学の登場を、要請し続けて行きたいと思う。

［注］

注1　福岡市保健福祉局子ども部「青少年に関する意識と行動調査」…数字は、「小学生の調査結果」より引用したもの。調査対象は、小学校5・6年生452名（『教育アンケート調査年間　2003年上』創育社）

注2　牛山恵「小学生・中学生・高校生のコミュニケーション意識に見られる男女の差異」（都留文科大学『国文学論考』第38号　2002）

4 文学教材（小学校）の史的研究
　―ジェンダーの視点で見えてくるもの―

1　研究の趣旨

　この研究は、「文学教材（小学校）とジェンダー」を引き継いだものである。前回の研究では「識域を超えて児童の性別役割意識を形成する国語教材の問題を明らかにしよう」としたが、ここでは、歴史的視野を加えることで、研究の拡充を意図した。具体的にいうと、前回の研究においては、平成16年使用の小学校国語教科書における文学教材を取り上げて、ジェンダーの視点からの分析・研究を行ったが、今回は、昭和43年使用の国語教科書にさかのぼって教材の調査・分析を進めたものである。

　小学校の検定国語教科書は、昭和24年使用として「国語」（学校図書）、「太郎花子国語の本」（日本書籍）などが発行された。以来今日まで、学校図書・教育出版・光村図書・大阪書籍・東京書籍・日本書籍の6社を中心に（他に、二葉、大日本図書、中教出版、信濃教育などもあった）発行されてきた。1社で複数の国語教科書を発行していたこともある。それら6社が、それぞれ1種類の国語教科書を同時に発行したのが、昭和40年使用版である。それ以降、昭和61年版までが5社、平成元年版から平成17年版までは6社が、13期にわたって発行を行っている。そこで、前回に引き続いて、継続的調査が可能な、昭和43年以降13期分の6社の国語教科書を分析・研究の対象とすることにする。

2　男女共同参画の現実

　内閣府が平成16年に行った「各分野の男女の地位の平等感」（注1）に関する調査報告（表A）がある。それによると、男女共に、「政治の場」や「社会通念・慣習・しきたりなど」に関しては、70％以上の人が「男性の方が優遇されている」感じをもっていると答えている。しかしながら、「学校教育の場」に関しては、「男性の方が優遇されている」感じをもっている男性は11.0％で、女性は15.8％である。他の分野と比較すると、きわめて低率であ

表A　内閣府「各分野の男女の地位の平等感」平成16年調査（N：3,502人）

		男性の方が優遇されている	平等	女性の方が優遇されている	わからない
家庭生活	男性	40.8%	46.9%	9.6%	2.8%
	女性	56.6%	33.9%	7.0%	2.5%
	全体	49.3%(56.9%)	39.9%(35.2%)	8.1%(5.3%)	2.6%(2.7%)
職場	男性	55.5%	30.2%	5.8%	8.5%
	女性	62.8%	20.6%	2.9%	13.7%
	全体	59.4%(60.1%)	25.0%(21.9%)	4.2%(4.0%)	11.3%(14.0%)
学校教育の場	男性	11.0%	70.0%	4.2%	14.7%
	女性	15.8%	64.1%	3.0%	17.1%
	全体	13.7%(15.3%)	66.8%(60.6%)	3.5%(4.9%)	16.0%(19.1%)
政治の場	全体	71.9%(78.0%)	19.7%(13.1%)	1.3%(1.2%)	7.1%(7.7%)
法律や制度の上	全体	46.1%(48.5%)	39.3%(38.5%)	5.1%(2.4%)	9.5%(10.5%)
社会通念・慣習・しきたりなど	全体	74.7%(76.5%)	17.2%(15.3%)	3.2%(3.1%)	4.8%(5.1%)

（　）は平成4年の数値

る。一方、「平等」と感じている人は、男性で70.0％、女性で64.1％で、こちらは、他分野との比較においてきわめて高率である。全体で70％近い人が「学校教育の場」における「男女の地位」に関して平等感をもっているという結果である。しかも、その数値は平成4年の調査結果より6％上昇している。

　文部科学省による「学校基本調査」において、平成2年に15.2％であった女子の4年生大学への進学率が、平成12年には短大進学率を超えて31.5％になった。同時期の男子の進学率は、33.4％から47.5％に14.1％の伸びを示したが、女子は16.3％の伸びであった。男子の進学率には及ばないものの、伸び率でいえば、わずかながら男子を超えている。大学進学率での女子の伸びは、学校教育における男女差がほとんど見られなくなってきていることを象徴するものである。

　確かに、教育機関としての学校は、その機能面においては、進学の実態から見て、男女差はほとんどなくなってきたといえよう。また、上掲の内閣府の調査に見られるように、機構という面においても、地位関係が比較的緩やかであるため、70％近い人が平等感を感じるのであろう。しかし、「学校生活」という場面においてはどうだろうか。「学校生活への評価―男女平等に

扱われる─」（注2）という調査では、「学校生活で男女平等に扱われているか」という問いに、男女合わせて、中学生で38.2％、高校生で34.2％が「そう思わない・どちらかといえばそう思わない」と回答している。「そう思う・どちらかといえばそう思う」は、中学生で57％、高校生で55.7％である。中学生・高校生にとって、1日に何時間も過ごす学校で、「男女平等に扱われている」と思わない生徒が、3割から4割もいるということは問題ではないだろうか。

「学校で受けた性差別」について、都留文科大学で聞き取り調査（対象学生数35名、2005）を行ったところ、次のような事例が報告された。

・式典の受付や接待は、すべて女子の仕事であった。
・女子の制服がスカートに限定されていた。
・清掃のしかたで、男女別に担当が決められていた。
・会長は必ず男子で副会長は必ず女子がなるものだった。
・男性の体育の教師から、身体的特徴を他の女子と比較して指摘された。
・体育祭の団長は必ず男子がやる。
・女子が入れる運動部が少ない。
・教師が、男子は理系・女子は文系と決めつけていた。

これらの事例の背景のあるのは、男女を固定的性別役割にあてはめている、まさにジェンダーである。上掲のような事例が続く限り、学校はジェンダーにとらわれずに平等を実現している場とは言えない。

さらに、上掲の内閣府の調査に見られた70％という「平等感」も、下の表B・Cを見ると、実は幻想に過ぎないというべきであろう。なぜなら、表B・Cは、男女の共同参画が実現しているとはとうてい言えないような実態を示しているのである。

表B　全国女性教員比率（公立学校）「男女共同参画統計とデータブック2003」（ぎょうせい）より

校種＼年度	1975	1985	1995	2000	2002
小学校	54.7	56.0	61.2	62.3	62.6
中学校	29.4	33.9	39.2	40.5	40.7
高　校	16.9	18.7	23.2	25.6	26.6

表C　東京都女性管理職比率「東京の男女共同参画データ2004」（東京都）より

校種＼年度	1998	1999	2000	2001	2002	2003
小学校長	24.9	24.5	24.5	24.0	24.2	24.3
中学校長	9.4	9.4	9.2	8.3	8.3	8.5
高等学校長	5.0	6.1	6.1	5.7	5.3	5.2

　表Bを見ると、全国の高校における女性教員の比率は30％を上回ったことがない。高校、大学などの高等教育機関における女性教員比率は低く、微増するにとどまっている。また、東京都の調査だが、女性教員が男性を上回っている小学校においてさえ、女性管理職となると25％を切ってしまう。高校の女性管理職はほぼ5～6％で、100人の管理職中わずかに5、6人しかいないという現実である。しかも、小・中・高共に、その比率はほとんど変動していない。男女共同参画が求められる今日だが、ポジティブ・アクション（積極的改善措置）が効果を上げているとはとても思えない。「教育の場」における共同参画は進んでいないのが実情ではないだろうか。

　内閣府の男女共同参画局では、「男女共同参画社会実現の必要性」において、「我が国は、基本的な人間の能力がどこまで伸びたかを示すHDI（人間開発指数）では162ヶ国中9位ですが、政治及び経済への女性の参画の程度を示すGEM（ジェンダー・エンパワーメント指数）では64ヶ国中31位と低位です。すなわち、我が国は、基本的な人間の能力の開発及び女性の能力の開発は進んでいるものの、女性が能力を発揮する機会は十分でないといえます」（注3）とし、男女共同参画社会基本法があるにもかかわらず、あいかわらず女性の活動に制動がかかっていることを認めている。

　能力の伸びを示すHDIを取り上げれば、162ヶ国中9位であるから、我が国の、教育も含めた男女平等政策は世界の上位に位置するような効力を発揮したといえよう。しかしながら、問題は女性の参画の程度を示すGEMである。これが世界で「31位と低位」であるということは、現実の生活面においては、表B・Cが示すように、さまざまな場面において、今もなお性差別が根強く残っていることを意味している。

　GEMを改善するために、「学校教育の場」が果たさなければならない課題はいったいなんだろう。70％の人の平等感の陰で、GEMを阻むような学

校教育の問題が明らかにされないまま残されているのではないだろうか。本研究は、問題の1つとして、小学校国語教材に焦点をあて、そこにどのような問題が隠されているかを明らかにするものである。

3 主要な登場人物の性別による教材の分類と分析

小学校国語科教科書のうち、学校図書・教育出版・光村図書・大阪書籍・東京書籍・日本書籍の6社発行のものを、昭和43（1968）年使用のものから平成17（2005）年使用のものまで、13期にわたって取り上げ、文学教材（童話・物語・小説）を主要な登場人物の性別によって分類した。

教科書会社、年度、学年を超えた教材総数は2451編である。そのうち、主要な登場人物が女性の教材は420編で、教材数の比率は約17％に過ぎない。年度毎の数値は、下の表Dに示してある。

表D　年度別・主要な登場人物別教材数

	1968	1971	1974	1977	1980	1983	1986	1989	1992	1996	2000	2002	2005
男性	123	138	129	133	119	114	111	130	145	136	121	101	98
性別なし	37	38	42	34	33	32	31	31	37	35	39	23	21
女性	18	26	29	34	32	36	34	42	43	40	36	23	27
教材数	178	202	200	201	184	182	176	203	225	211	196	147	146
女性比	10％	13％	15％	17％	18％	20％	19％	21％	19％	19％	18％	16％	19％

教材総数　2,451編　主要な登場人物が男性の教材数　　　　　　　1,598編
　　　　　　　　　主要な登場人物が女性の教材数　　　　　　　　420編
　　　　　　　　　主要な登場人物の性別が不鮮明、あるいは性別のない教材　433編

表Dが示しているもっとも重要なことは、主要な登場人物が女性の教材（以下、「女性教材」と呼ぶ）の比率の変遷である。文学教材総数に対して、女性教材は、昭和43（1968）年版ではわずかに10％であった。それが、平成17（2005）年版では19％になり、2倍に増えている。画期的な増加ではあるが、19％という比率自体、決して高いものではない。その上、この表からは、比率の最高値が平成元（1989）年の21％で、平成14（2002）年は16％であったことなどから、女性教材は確かに増加してきてはいるが、増減に揺れがあって、ポジティブ・アクションのように、意図的に女性教材を採用しようとしているとは言えないという現実が見えてくる。もちろん、小学校の文学教材のほとんどが既存の児童文学作品からの選択であることから、児童文学作

品の現状そのものに問題があることは事実であって、それについてはすでに問題化している（注4）。

では、具体的にどのような教材があるのか、それを見てみよう。

4 「主要な登場人物が女性」の教材に関する考察

(1) 教材数の多い（3編以上）作家

昭和43（1968）年以降の13期にわたる教科書から「主要な登場人物が女性」の教材を取り上げて検討を進める。まず、教材数が3編以上の作家を取り出してみよう。

あまんきみこ	5	「くもんこの話」「ちいちゃんのかげおくり」「お母さんの目」「名前をみてちょうだい」「すずおばあさんのハーモニカ」
杉　きみ子	11	「コスモスさんからお電話です」「おばあちゃんの白もくれん」「はんのきの見えるまど」「ゆず」「わらぐつの中の神様」「加代の四季」「新しい世界へ」「旗」「風と少女」「雪の一本道」「白さぎ」
安藤　美紀夫	3	「たらばがにの春」「ひっこしてきたみさ」「友子とモユちゃん」
宮川　ひろ	3	「おはじき」「かげろう」「沢田さんのほくろ」
今江　祥智	5	「うみへびのながいたび」「どろんこ祭り」「三びきのライオンの子」「雪のぼうし」「花はどこへ行った」
長崎　源之助	3	「お母さんの紙びな」「えんぴつびな」「つり橋わたれ」
壺井　栄	4	「おかあさんの手のひら」「あしたの風」「石うすの歌」「朝の歌」
立原　えりか	3	「ちょうをあむ人」「ハンモック」「たんぽぽ」

教材数がもっとも多いのは杉みき子の11編である。いずれも、生活感や季節感にあふれた内容を、リアリティのある、あるいは詩情ある文章で描いている。また、あまんきみこをはじめ、ここに取り上げられたのは、いずれも児童文学の作家として確かな作品を生み出し続けている、安定感のある作家たちである。しかしながら、時代的には古さを感じさせる教材もあり、新しい作家の登場が待たれる。平成17（2005）年版には、石井睦美（「新しい友達」）や長崎夏海（「美月の夢」）などの若手作家の教材も見られるが、今日的問題を扱っているという点で評価できるものの、内容的には上掲作家の作品にまだ及ばない感がある。

また、翻訳教材も20編あるが、類型にはまらない生き生きした女子像が描かれている魅力的な教材が多い。教材数が限定されてきた今日では、翻訳教材を増やすことは難しいかも知れないが、副教材や読書教材としてでも取り上げたいものである。

(2) 頻度数の高い教材

　次に、教材として取り上げられたのが5度以上になるものをみてみよう。

「いちごつみ」	神沢　利子	5	「ピューンの花」	平塚　武二	6
「お母さんの紙びな」	長崎　源之助	6	「やまんばのにしき」	松谷　みよ子	10
「お母さんの木」	大川　悦生	9	「わらぐつの中の神様」	杉　みき子	10
「サラダでげんき」	角野　栄子	7	「一つの花」	今西　祐行	37
「すいかの種」	沖井　千代子	6	「加代の四季」	杉　みき子	7
「たぬきの糸車」	岸　なみ	10	「花はどこへ行った」	今江　祥智	6
「ちいちゃんのかげおくり」	あまんきみこ	7	「月夜のみみずく」	ヨーレン	5
「つり橋わたれ」	長崎　源之助	16	「山へ行く牛」	川村　たかし	9
「どろんこ祭り」	今江　祥智	5	「小さな犬の青い服」	ラベル	5
「ひっこしてきたみさ」	安藤　美紀夫	5	「石うすの歌」	壺井　栄	8
「沢田さんのほくろ」	宮川　ひろ	7	「名前をみてちょうだい」	あまんきみこ	9

　頻度の高い教材は人気のある教材であり、また、各社の定番となっている教材でもある。「ごんぎつね」や「白いぼうし」などがその代表例だが、女性教材の中にもその例を多く見ることができる。

　もっとも頻度が高いのが、今西祐行の「一つの花」だが、この教材の主要な人物を女性としたのは、ゆみ子と母親によって描かれた女性の生き方が主たる題材であると判断したからである。平成17（2005）年版でも教材化されているが、時代背景を考えると、子どもに理解されにくい教材になってきているのではないかと懸念される。

　平成14（2002）年版と平成17（2005）年版とに連続して教材化されていない教材（つまり、最近、教科書から消えた教材）には、「お母さんの紙びな」「お母さんの木」「石うすの歌」「沢田さんのほくろ」「加代の四季」「すいかの種」がある。これらの教材のうち、「石うすの歌」のように戦争を題材にしている教材については、教師自身も未体験の戦争を扱うことで、学習材としてのむずかしさはあるものの、次々と教材から消えてしまうことには疑問を感じる。6年間で1、2本は教室での読みを体験させたい。

　今江祥智「どろんこ祭り」は、「この作品には、男は男らしく（荒々しく

女性をリードする）女は女らしく（おろおろして男性についていく）あるべき、少なくとも思春期になればそのような「正しい」性認識をすべきというイデオロギーが脈々と流れている。（中略）男女平等という観点からはきわめて多くの問題を持つ作品である」（注5）と批判された教材である。

(3) 女性教材の課題——母親像の問題

　授業時間数の削減によって、教科書教材のスリム化がはかられ、文学教材の数も減らされている。年間の教材数が2、3本になってきている。そうなると教材も厳選せざるを得ず、女性教材へのこだわりも通用しにくいのが現状である。しかし、そういう困難さの中にあっても、あえて女性教材にこだわるのは、文学作品を通して子どもたちが出会う人物像は、子どもの生き方のモデルとなる可能性があるからである。男性像、女性像、同じように出会うことによって、子どもの人間に対する認識が育つのではないだろうか。

　今回調査した女性教材の中には、母親が描かれた教材が含まれている。母親像ももちろん女性像の1つだから、当然の分類なのだが、母親に対して、いまだに「良妻賢母」の賢母のイメージや母性信仰を抱いている人が少なからずいる状況下にあっては、母親を描くことによってかえって女性像を固定化してしまう危惧があることを否定できない。そういう点では、主要な登場人物が女性であることが必ずしも評価の対象とはならないのである。前回の研究でも行ったことだが、個々の教材を取り上げて検討する必要があるだろう。

　以下、本研究の基礎的データとなる、昭和43（1968）年〜平成17（2005）年の小学校国語教科書に関する調査結果を資料として収載することとする。

「主要な登場人物が女性」の教材

昭和43（1968）年〜平成17（2005）年（G：学校図書、K：教育出版、M：光村図書、O：大阪書籍、T：東京書籍、N：日本書籍）

	教材名	作者	教科書	68	71	74	77	80	83	86	89	92	96	00	02	05
1	あしたの風	壺井 栄	T6上				○									
2	アニーとおばあちゃん	ミスカマイルズ	G6上											○		
3	アフリカのたいこ	瀬田 貞二	G3下	○	○	○										
4	あめあがり	梅田 佳子														

	教材名	作者	教科書	68	71	74	77	80	83	86	89	92	96	00	02	05
5	アルプスの少女	ヨハンナ・スピリ	G4下	○												
6	アントワープの木ぐつ	有馬　志津子							○							
7	アカ	幸田　文	G6上	○												
8	いちごつみ	神沢　利子	T2上	○	○	○	○	○	○	○	○					
9	いっぱいでひとり	神沢　利子	M3下		○											
10	うみへのながいたび	今江　祥智	K1下										○	○	○	○
11	えんそく	梅田　佳子	O1下										○			
12	えんぴつびな	長崎　源之助	N2上									○	○	○		
13	オーじいさんのチェロ	ジェーン・カトラ	O6上													○
14	おかあさんとまちへ	編集委員	K2上	○												
15	おかあさんの手	大石　真	N2上		○	○	○									
16	おくり物	岡野　薫子	K5上		○	○										
17	おじいさんのハーモニカ	ヘレン・グリフィス	T4下										○			
18	おはじき	宮川　ひろ	O5上									○	○			
19	おばあちゃんの白もくれん	杉　みき子	G3下									○				
20	お月さまのこども	阿貴　良一	G1上					○								
21	お日さまの光	西尾　はる江	K2上			○	○	○								
22	お母さんの紙びな	長崎　源之助	K3上							○	○	○		○	○	
			K3下							○		○		○		
23	お母さんの手のひら	壺井　栄	T4上					○	○							
			M5上	○												
24	お母さんの木	大川　悦生	K5上						○	○		○		○		
			K5下						○		○		○			
			N5上								○	○	○	○		
			N5下							○		○				
25	お母さんの目	あまん　きみこ	O3上									○	○			
26	かえる	林　芙美子	O6下									○				
			T5下	○	○											
27	かぐやひめ	昔　話	G2上	○	○	○										
28	かげろう	宮川　ひろ	K5上					○								
29	カヌヒモト	国分一太郎	N6上						○	○	○					
30	カヌヒモトの思い出	国分一太郎	N6上			○	○									
31	がんばれわたしのアリエル	七尾　純	O3上											○		
			O3上												○	
32	きいちゃん	山本　加津子	M6下												○	
33	ギターノロマンティカ	武川　みづえ	G5下							○	○					
34	くじらの歌声	ダイアン・シェルダン	O5上										○			
35	くもんこの話	あまん　きみこ	K4上					○								
36	こおろぎとお客さま	佐藤　さとる	O3下										○			

	教材名	作者	教科書	68	71	74	77	80	83	86	89	92	96	00	02	05
37	コスモスさんからお電話です	杉 みき子	O2下										○	○		
38	サラダでげんき	角野 栄子	T1下							○	○	○	○	○	○	○
39	すいかの種	沖井 千代子	G4上							○	○	○				
			G4上						○							
40	すずおばあさんのハーモニカ	あまん きみこ	N2上								○					
41	スズヤさんのすず	小嶋 雄二	O2上									○				
42	スプーンおばさん	プリョイセン	G1下							○	○					
43	せかい一大きなケーキ	古田 足日	N1下					○	○							
44	ソメコとオニ	斎藤 隆介	K3下							○	○					
			O4下						○							
45	たぬきの糸車	岸 なみ	M1下				○	○	○	○	○	○	○	○	○	○
46	たらばがにの春	安藤 美紀夫	N3上						○							
47	たんじょう日のひみつ	アグネス・ザッパー	T3下			○	○									
48	たんぽぽ	立原 えりか	K5上					○								
49	だいじなかみ	まつの まさこ	O1下								○					
50	だれも知らない	灰谷 健次郎	G6上						○							
51	ちいちゃんのかげおくり	あまん きみこ	M3下							○	○	○	○	○	○	○
52	ちかい	ポール・ジェラティ	T5上										○	○		
53	ちょうの行方	高田 桂子	K6下									○				
54	ちょうをあむ人	立原 えりか	T4上							○	○					
55	チョコレートのおみやげ	岡田 淳	G5上											○	○	
56	チロヌップのきつね	高橋 宏幸	O3上							○						
			T4下				○	○								
57	チワンのにしき	中国民話	T4下			○	○	○		○	○					
58	つり橋わたれ	長崎 源之助	G3上									○	○			
			M3上					○	○	○						
			O3上												○	○
			N3上										○	○		
59	とっときのとっかえっこ	ウイットマン	T4上											○	○	
60	どろんこ祭り	今江 祥智	M6上					○	○	○	○					
61	ねむの木のねがい	西山 令子	T3下						○							
62	ノンちゃん	石井 桃子	N5上	○												
			N5下		○	○										
63	ハーモニカ	今井 鑑三	M2上	○												
64	はなざかり	編集委員	N1上				○									
65	はるかさんのりょうし	記名なし	O1上										○	○		
66	はんのきの見えるまど	杉 みき子	T2下										○	○		
67	ハンモック	立原 えりか	K4上						○							

第3章 国語教材とジェンダー ④ 147

	教材名	作者	教科書	68	71	74	77	80	83	86	89	92	96	00	02	05
68	パンドラのつぼ	神話	T4上	○												
69	ひしゃくぼし	トルストイ	K2上	○	○	○	○									○
70	ひっこしてきたみさ	安藤 美紀夫	K2上						○	○	○	○				
71	ピューンの花	平塚 武二	K2下	○	○											
72	ふき子の父	砂田 弘	K5上							○	○					
			K6上													
73	ふちがみさんありがとう	未確認	K3下	○												
74	プラム・クリークの土手で	ワイルダー	M5上											○		
75	ほたるのちょうちん	田中 清	G1上		○											
76	マーシャとくま	ラチョフ	G1下			○										
77	マコちゃん	那須 正幹	O6上											○	○	
78	また学校が始まります	リンドグレーン	N4上	○	○	○										
79	ムムルー	ヴァルデ・マール	K4下										○	○		
80	もしもしお母さん	久保 喬	T2下							○	○					
81	モモちゃんが生まれたとき	松谷 みよ子	N1下					○								
82	やさしいたんぽぽ	安房 直子	T2下									○				
83	やまんばのにしき	松谷 みよ子	O3下						○							
			N3下						○							
			N4下					○								
84	ゆうすげ村の小さな旅館	茂市 久美子	T3上													
85	ゆきのふる日	編集委員	N1下	○	○	○										
86	ゆず	杉 みき子	K6上								○					
87	レナド	スクワイア	K5下	○	○	○										
88	わすれ物	古世古 和子	G5上							○						
89	わらぐつの中の神様	杉 みき子	M5下						○	○	○	○	○	○	○	○
90	一つの花	今西 祐行	K4上						○							
			K4下			○				○						
			M4上						○							
			M4下				○				○					
			O4上										○		○	
			O4下										○	○		
			T4上											○		○
			T4下								○	○	○		○	
			N4上							○		○	○			
			N4下				○	○								
91	加代の四季	杉 みき子	K6上						○	○	○	○				
92	花さき山	斉藤 隆介	G3下							○						
			T4上				○									
93	花とうぐいす	浜田 広介	M1下	○												

	教材名	作者	教科書	68	71	74	77	80	83	86	89	92	96	00	02	05
94	花とひみつ	星 新一	G3上		○	○										
			N4下							○						
95	花はどこへ行った	今江 祥智	N5下							○						
			N5上				○	○	○	○						
96	旗	杉 みき子	N6下									○	○	○		
97	月夜のみみずく	ジェイン・ヨーレン	M5下										○	○		
98	犬とにわとり	石井 桃子	G1下		○											
99	元気な元気な雪だるま	プロイスラー	N3下					○	○							
100	最後のひと葉	オー・ヘンリ	N6下	○					○	○						
101	三つのお願い	ルシール・クリフトン	M4上												○	○
102	三びきのライオンの子	今江 祥智	M2上			○	○									
103	山へ行く牛	川村 たかし	G6上										○	○		○
			G6下					○	○	○	○	○				
104	七つの星	未確認	T2下	○												
105	秋の夜	岡野 薫子	K3上					○								
106	小さいねずみ	さとうわきこ	G2上					○	○							
107	小さな犬の小さな青い服	ウィニフレッドラベル	M3下					○	○							
108	小さな水たまり	生源寺 春子	G2上							○						
109	消しゴムころりん	岡田 淳	K3上												○	○
110	心の歌	茨木 憲	N6下						○	○						
111	新しい世界へ	杉 みき子	N6下							○						
112	新しい友達	石井 睦美	M5上												○	○
113	石うすの歌	壺井 栄	M6上				○	○	○	○	○	○				
114	石になったマーペ	谷 真介	N6下										○			
115	石段の思い出	吉野 源三郎	K6上				○									
116	赤いクレパス	横山 昭作	G4下			○										
117	赤いそてつの実	儀間 比呂志	G4下						○							
118	赤いマフラー	中野 幸隆	N5下								○					
119	赤い実はじけた	名木田 恵子	M6上									○	○			
120	雪のぼうし	今江 祥智	K6下					○								
121	雪の一本道	杉 みき子	K3上						○							
122	雪女	昔話	N3下						○							
123	走れ	村中 李枝	K4上									○	○			
124	太陽をさがしに	君島久子再話	K4下											○		○
125	沢田さんのほくろ	宮川 ひろ	K4上						○	○	○					
			N4上										○	○	○	
126	竹取物語	古典	T5下	○	○											
127	朝の歌	壺井 栄	T5上	○	○											
128	電車に乗って	竹下 文子	O4上									○				
129	塔の時計	フックス	N4下								○					
130	白さぎ	杉 みき子	O5下									○	○	○		
131	白鳥のむすめ	永山 絹枝	T4下					○	○							

第3章 国語教材とジェンダー 4 149

	教材名	作者	教科書	68	71	74	77	80	83	86	89	92	96	00	02	05
132	畑の先生	黒柳　徹子	K3上						○	○						
133	風と少女	杉　みき子	G6下										○			
134	美月の夢	長崎　夏海	K6上												○	○
135	百ぴきざるのお母さん	岡本　良雄	K3下			○	○									
136	父さんの宿敵	柏葉　幸子	T5上											○		
			T6下											○		
137	母ぐま子ぐま	椋　鳩十	M5下		○	○										
138	母さんの歌	大野　允子	K3上						○							
139	母さんの手	大石　真	K3上									○	○			
140	名前をみてちょうだい	あまんきみこ	T2上				○	○	○	○			○	○	○	○
			T2下													
141	友子とモユちゃん	安藤　美紀夫	K4上						○	○						

[参考]

「主要な登場人物が男性」の教材

※紙面の都合上、掲載年度は省略

	教材名	作者	教科書
1	1000の風、10003のチェロ	伊勢　英子	T5下
2	アーファンティ物語	中由　美子再話	K4下
3	あかりの花	中国民話	N2下
4	あく手をしてさようなら	今江　祥智	G4下
5	あしたは天気だ	岡本　良雄	K2上
			M3上
6	アジサイ	椋　鳩十	T6上
7	あてはずれ	昔話	G3下
8	あとかくしの雪	木下　順二	N5下
9	アドバルーン	未確認	N2上
10	アナトール、工場へ行く	イブ・タイタス	M4上
11	あなにおちたぞう	寺村　輝夫	T2上
12	あの坂をのぼれば	杉　みき子	G6上
			T6上
13	あの子はだあれ	竹下　文子	T2上
14	アフリカのたいこ	瀬田　貞二	M3上
			M3下
15	ありのおんがえし	イソップ	T1下
			T2下
16	あるいていこう	浜田　広介	N1上
17	ある水たまりの一生	大井　三重子	M6上
18	アレクサンダとぜんまいねずみ	レオ・レオニ	K2下
			O2下

	教材名	作者	教科書
19	あわてもの	未確認	T2下
20	あんず林のどろぼう	立原　えりか	G6上
21	アンデーとライオン	ドーハーティ	G2上
22	アンデルスのぼうし	マージョリー・フラック	G1下 K1下
23	アンデルセンの館で	石森　延男	M5下
24	あ・し・あ・と	尾崎　美紀	T4上
25	いいものもらった	森山　京	O2下
26	いちばんの願いごと	エンデ	G4下
27	いちろうかかし	栗原　一登	M2下
28	いっすんぼうし	昔　話	K1上 M1下 T1下
29	いつもせん手で一等で	鈴木　レイ子	T3上
30	いわおの顔	ホーソン	G6下
31	ウーフはおしっこでできてる	神沢　利子	N2下
32	うしろのまきちゃん	矢崎　節夫	K2下
33	ウスマンじいさん	中国民話	N3下
34	うそつきのきつね	大井　三重子	M2下
35	うらしまたろう	昔　話	K1上
36	えいっ	三木　卓	M2上
37	エッフェルとうの足音	前川　康男	O4上
38	エルマー、とらに会う	ガネット	M3上
39	エンドウと少女	未確認	N3上
40	おいしいおにぎりを食べるには	今西　祐行	T2下 N2下
41	おいしいパンはいつできる	リトアニア民話	K3下
42	おおきなにんじん	未確認	N1上
43	おかあさんのあんでくれたぼうし	マージョリー・フラック	T1下
44	おかあさんのこうもり	小出　正吾	T3下
45	おかの家	ローラ・リヤーズ	M3上
46	おかの上のきりん	浜田　広介	K2下
47	おしゃべりなたまご	寺村　輝男	G4上
48	おしゃれな牛	木村　静枝	G3上 G3下
49	おじいさんのランプ	新美　南吉	T6上 T6下
50	おじいさんの小さなにわ	シャイドル	G2上
51	おじいさんの石	佐藤　さとる	O3下
52	おじさんのかさ	佐野　洋子	K1下
53	おちば	アーノルド・ローベル	T2下

	教　材　名	作　者	教科書
54	おつきさま	東　君平	T1上
55	おつきさまとさる	無記名	M1上
56	オツベルと象	宮沢　賢治	N6下
57	おてがみ（お手紙）	アーノルド・ローベル	G2上 K1下 M2下 O2上 N2上
58	おとうとねずみチロ	森山　京	T1下
59	おにたのぼうし	あまん　きみこ	K3上 K3下 O3下
60	おねがいおねがい大きな木	立原　えりか	O1下
61	おはじきの木	あまん　きみこ	K5上
62	おひゃくしょうさんとあくま	昔　話	N1下
63	おまつり	編集委員	N1下
64	おむすびころりん	昔　話	K1上 T1上
65	おむすびころりん	羽曾部忠	M1上
66	おむすびころりん	神沢　利子	N1下
67	お城への階段	今江　祥智	O6上
68	お日さまがいちばん	舟崎　克彦	G2上
69	お母さんは先生	コルシュノウ	O3上
70	カ	奈街　三郎	M3上
71	かえるのぼうけん	ヘルトリング	G4上
72	かがみの中の犬	星　新一	T3上
73	かくれんぼ	志賀　直哉	M6下
74	かくれんぼう	志賀　直哉	M6下
75	かげを見つけたカンガルーぼうや	アニタ・ヒューエット	M3上
76	かさこじぞう（かさこ地ぞう）	岩崎　京子	G2下 K2下 O2下 T2下 N2下 M2下 G2下
77	かた足だちょうのエルフ	小野木　学	G2下
78	かっぱ	野村　昇司	T2上
79	かっぱのかげぼうし	清水　達也	G3上
80	かばんの中にかばんを入れて	安房　直子	O5上

	教材名	作者	教科書
81	かぶとむしカンのぼうけん	大蔵　宏之	G3上
82	かべの中	佐藤　さとる	K5上
83	かみなりさまの手つだい	岩崎　京子	T1下
84	かめのこせんべい	長崎　源之助	K4上
85	かもとりごんべえ	岩崎　京子	T1下 N2下
86	かものたまご（かもの卵）	岩崎　京子	T5上 N6上
87	かもめがくれた三角の海	山下　明生	T3下
88	カルガンの星の歌	佐々木　望	G6下
89	ガオーッ	斎藤　洋	M4上
90	ガラスの花よめさん	長崎　源之助	O3上 N3上
91	ガラスの小びん	阿久　悠	M6下
92	ガラスの中のお月さま	久保　喬	T2下
93	きかん車やえもん	阿川　弘之	G2下 M2下
94	きくのせい	中国民話	G4上
95	きっちょむさん	富田　博之	G3下
96	きつねのおきゃくさま	あまん　きみこ	K2上 K2下
97	きつねのまど（きつねの窓）	安房　直子	N5上 K6上 K6下
98	きつねの写真	あまん　きみこ	K3下 T5上
99	きつねをつれて村祭り	こわせ　たまみ	O3上 O3下
100	きんたろう	昔話	G1上
101	クオレ・雪玉	アミーチス	K4下
102	くじらのずぼん	寺村　輝夫	G2上
103	くじらの海	川村　たかし	O6上
104	クナリの実	サファノ	O4上 O4下
105	クヌギの木	平塚　武二	N4下
106	くまぜみとたまご	梅崎　春生	O5上
107	くまの子ウーフ	神沢　利子	M2上 M2下

第3章　国語教材とジェンダー　4　153

	教材名	作者	教科書
108	くま一ぴき分はねずみ百ぴき分か	神沢　利子	G2上 G2下 N3上
109	クロはぼくの犬	宮川　ひろ	N2上
110	クロ物語	椋　鳩十	M6下 N5下
111	クワつみ	未確認	N5上
112	ぐりとぐらのおきゃくさま	中川　李枝子	N1下
113	けいたくんのたこ	林　四郎	T1下
114	けんじゅう公園林	宮沢　賢治	K6上
115	げんごろうぶな	昔話	G1下
116	げんちゃんとどんくり	樫葉　勇	T1下
117	こいのぼり	青木　幹勇	G2上
118	コスモス	森山　京	G2下
119	ごちそうを食べた上着	アリス・ケルシー	K4上
120	こぶとり	昔話	M1下
121	コンクリートのくつあと	牧　ひでお	G1下
122	コンチキ号ひょう流記	ハイエル・ダール	K5上
123	ごきげんなライオン	ルイースファティオ	N3上 N3下
124	このすばらしい世界	山口　タオ	G6下
125	ごめんねムン	おぼ　まこと	O2上
126	ゴリラとたいほう	奈街　三郎	O2上
127	ごんぎつね（ごんギツネ）	新美　南吉	G4上 G4下 K4上 K4下 M4下 O4下 T4下 N4上 N4下
128	サーカスのライオン	川村　たかし	T3上 T3下
129	さいせんばこ	未確認	N3下
130	さよならの学校	今江　祥智	M5上
131	さんちき	吉橋　通夫	G6下
132	さんぺいのてじな	坪田　譲治	G2上
133	ザーザー	もりやま　みやこ	G2上
134	しあわせの島	北川　千代	M4下

	教 材 名	作 者	教科書
135	しまふくろうの湖	手島　圭三郎	T3上
136	シャンさんのこきゅう	紹　釣	G4下
137	しょうぼう自動車ジプタ	渡辺　茂男	N2上
138	シルベスタおじさん	ハワード	G3上
139	ジオジオのかんむり	しだ　えりこ	N2上
140	じゃんけんぽん	工藤　直子	K3上
141	じゅげむ	川端　誠	T3上
142	ジョージのペンキぬり	マーガレット・レイ	T1下
143	ジラルダンとぼく	フィリップ	N6上
144	スイミー	レオ・レオニ	G2上 / M2上
145	スーホの白い馬（白い馬）	大塚　勇三	M2下
146	すずかけ写真館	あまん　きみこ	T4上
147	すずめのおくりもの	安房　直子	T5上
148	すなの中に消えたタンネさん	乙骨　淑子	G4下
149	ずうっと、ずっと、大すきだよ	ハンス・ウイルヘルム	M1下
150	ずる休み	フィリップ	N6上
151	そこのかどまで	アーノルド・ローベル	O2上
152	その日がくる	森　忠明	M5上
153	そらいろのたね	中川　李枝子	T2上
154	そらのはし	編集委員	K1上
155	それにちがいない	未確認	N3下
156	ぞうとくじらのつな引き	ブライアント	O3下
157	ぞうとにじ	編集委員	N1上
158	タオルがこおったばんに	奈街　三郎	N2下
159	たかのす（巣）取り	千葉　省三	T4上 / T4下 / N5上
160	たっちゃん	筒井　敬介	N2下
161	たぬきのじてんしゃ	東　君平	G1上
162	たぬきのタロ	石森　延男	M3上
163	だいくとおにろく	昔　話	N1下
164	だいじょうぶだいじょうぶ	いとう　ひろし	T5上
165	だれも知らない小さな国	佐藤　さとる	N5上
166	チイ兄ちゃん	レン・ターリン	N4上
167	ちからたろう	昔　話	T2下
168	チックとタック	千葉　省三	M1下
169	チビクロ・サンボ	バンナーマン	M2上
170	チムのねがい	ウェルフェル	N3下
171	ちょうこく家のグリッペロ	野町　てい	N4下
172	ちょうちょだけになぜなくの	神沢　利子	K2上
173	ちり紙は空へ	長崎　源之助	N3下

	教材名	作者	教科書
174	つきのわぐま	椋 鳩十	K4下
175	つばきの木から	佐藤 さとる	M4上
176	つる	江口 渙	K6上 K6下
177	テウギのとんち話	李 慶子	T3上
178	てがみ	森山 京	T1上
179	てがみをください	山下 明生	G2上
180	てんぐとおひゃくしょう	宇野 浩二	K1下
181	トナカイを守る	ユルヨ・コッコ	M5下
182	との様の茶わん	小川 未明	M6下
183	とびこみ	トルストイ	K4下 O4下
184	とび出し注意	杉 みき子	O5上
185	トムのへいぬり	マーク・トエイン	N6下
186	とらとふえふき	金 恵京	O2上 O2下
187	とんびひょろろ	徳永 寿美子	M1上
188	とんぼじぞう	青木 幹勇	G3下
189	どっこい海へいく	安藤 明義	T2上
190	ドリトル先生	ロフティング	N5下 N6下
191	どろんこハリー	ハリージオン	K1下
192	なかよし名人	土屋 由岐雄	K3上
193	ならなしとり	峠 兵太	O4上
194	にいちゃんとエス	石井 桃子	G3上
195	ニキのお母さん	イリーナ・コルシュノウ	O3下 N3上
196	ニコラス、どこへ行ったの？	レオ・レオニ	T3上
197	にじとかに	坪田 譲治	T3上
198	ニャーゴ	みやにし たつや	T2上
199	ねこが見分ける	冨田 博之	O4上
200	ねずみのおきょう	小池 たみ子	N1下
201	ねずみのすもう	川村 たかし	O1下
202	ねずみの作った朝ごはん	安房 直子	M3下
203	のはらのシーソー	竹下 文子	T2上
204	ノボルとソイツ	山中 恒	N3下
205	のらねこ	三木 卓	K3下
206	のんびりもりのぞうさん	川北 亮司	N1下
207	ハーモニカのうた	与田 準一	N1下
208	ハーレムの少年	編集委員	G3上
209	はかまだれ	古 典	N5下

156

	教材名	作者	教科書
210	はさみが歩いた話	佐藤　さとる	N2上
211	はしの上のおおかみ	奈街　三郎	T1下
212	はじめは「や！」	香山　美子	G1下
213	はだかの王様	アンデルセン	K4下 M4上 T4上
214 215	はまひるがおの「小さな海」 （はまひるがおの小さな海）	今西　祐行	K3上 K3下 G3上
216	はまべのいす	山下　明生	M3上 O2下
217	ハモニカじま	与田　準一	K2上
218	はんぶんずつすこしずつ	岡本　一郎	O1下
219	バスで会ったおばあさん	西山　敏夫	M5上
220	ぱちんぱちんきらり	矢崎　節夫	G1上 G1下
221	パパのナイフ	ゲオルギエフスカヤ	G5上
222	パン屋のしろちゃん	沢村　貞子	T6上
223	ひぐれのお客	安房　直子	O6下
224	ひつじ雲のむこうに	あまん　きみこ	G2上
225	ひととび（ひと飛び）	トルストイ	K4上 G4上
226	ひとりでとけた問題	ノーソフ	G4下
227	ひと朝だけの朝顔	井上　靖	M4上
228	ひばりと風船	石森　延男	M6上
229	ヒバリヒバリ	加藤　多一	O3上 N4上
230	ひょっとこ	成尾　正治	N5下
231	ひよこ	編集委員	K1上
232	ヒロシマのうた	今西　祐行	T6上 T6下
233	ピーターのいす	キーツ	N1下
234	ぴかぴかのウーフ	神沢　利子	O1下
235	ピノキオ	コロデイ	K2下 M3上 N3下
236	ふえとたいこ	編集委員	N3上 N3下
237	フカ	トルストイ	N4下 N5上

	教　材　名	作　者	教科書
238	ふきの下の神様	宇野　浩二	K4上
239	ふしぎなたけのこ	松野　正子	G1下
240	ふしぎなふろしきづつみ	前川　康男	K3上
241	ふしぎふしぎ	前田　桂子	K1上
242	ふじ山の鳥よせ	瀬田　貞二	T3上
			T3下
243	ふたりのバッハ	森　忠明	N6上
244	ふたりの小びと	未確認	N2上
245	フランダースの犬	ウィーダ	M4下
			N5上
246	フランツのゆめ	ドーデー	N3上
247	ふるさとの空に帰った馬	木暮　正夫	K2上
248	フレデリック	レオ・レオニ	N4下
249	へらない約束	李　錦玉	T3上
250	へんな一日	大石　真	K2下
251	ベロ出しチョンマ	斉藤　隆介	N6下
252	ホジャ物語	民　話	K4下
253	ぼうしいっぱいのさくらんぼ	花岡大学	T3上
254	ぼくとアルベスにいちゃん	秋尾　晃正	O2上
255	ぼくと父さんの海	安中　栄子	G6下
256	ぼくにげちゃうよ	マーガレット・ブラウン	M1下
257	ぼくにはひみつがあります	羽仁　進	G1下
258	ぼくのくろう	畑　正憲	T3下
259	ぼくのつくった砂の汽車は	日野　生三	G5下
260	ぼくはねこのバーニーが大すきだ	ジュディス・ボースト	T3下
261	ぼくらの教室フライパン	古田　足日	N4下
262	ぼくんちのゴリ	かさの　ゆういち	M1下
263	ぼたもち	未確認	N6上
264	ポケットの海	今江　祥智	G3上
265	ポレポレ	西村　まり子	G4上
266	マーリャンとまほうの筆	ホンシュンタオ	O3下
267	まことくんのライオン	宇山　次雄	G2上
268	まっかなねこじけん	岡本　良雄	T4上
269	まど	森山　京	T2上
270	まどガラスとさかな	奈街　三郎	M3下
271	まほうのえんぴつ	佐藤　さとる	O3下
272	まほろしの町	那須　正幹	T6上
			N6下
273	みかんの木の寺	岡本　良雄	M2下
			T2下
			T3下

	教材名	作者	教科書
274	みそかいばし	昔話	N2上
275	みんなのなまえ	松谷 みよ子	K1下
276	むささび星	今西 祐行	G3上 G3下
277	むねつまりなし	石森 延男	M5上
278	めもりある美術館	大井 三重子	T6上
279	もうすぐ春です	やなぎや けい	T4下
280	モチモチの木	斉藤 隆介	K3上 M3上 M3下 N3下 N4下
281	ものさし	クオレ	N4上
282	やい、とかげ	舟崎 靖子	K4上 K4下 N4上
283	ヤドカリ探検隊	椎名 誠	M5上
284	やまなし	宮沢 賢治	M6上 M6下
285	ゆうだち	編集委員	N1上
286	ゆきの日のゆうびんやさん	こいで たん	T1下
287	ゆめのきしゃ	城戸 典子	G1下
288	ヨーロッパからのおみやげ	西山 令子	T6上
289	らくだはさばくへ	三田村 信行	G5下
290	ヨットと花びら	山下 明生	K5上
291	りすとかしのみ	坪田 譲治	G1下
292	りすのわすれもの	松谷 みよ子	K1下
293	りんごの花	後藤 竜二	K3上
294	りんご畑の九月	後藤 竜二	G4上
295	レナド	スクワイア	G5上 G5下 N5下
296	ろくべえまってろよ	灰谷 健次郎	G2上 K2下 K3上 O2上 N2上
297	ロシアパン	高橋 正亮	G6上 G6下
298	わしとたびびと	イソップ	G1上

	教材名	作者	教科書
299	わすれられないおくりもの	スーザンバーレイ	K3上 K3下
300	わにのおじいさんのたからもの	川崎　洋	G3上 G3下 G4上 K2下 O2下
301	わにのバンボ	大石　真	T2下
302	わらしべちょうじゃ	昔話	N1下
303	一すんぼうし	昔話	G1上 G1下
304	一つが二つ	小沢　正	N2上 G2上
305	一休さん	昔話	G2下
306	引っこし	李　錦玉　再話	K4下
307	宇宙人の宿題	小松　左京	M5上
308	羽田の水ぶね	野村　昇司	T3下
309	雨と太陽（おかあさんのこうもり）	小出　正吾	T3上
310	雨の日のおさんぽ	シェフラー	T2上
311	雨の夜のるすばん	川村　たかし	O4上
312	王さまの新しい服	アンデルセン	G4上
313	王さまはとびはねるのがすき	ヘルメ・ハイネ	T1下
314	王さま出かけましょう	寺村　輝夫	M2上
315	黄色いバケツ	森山　京	M2上
316	黄色いボール	立松　和平	T4下
317	屋根のうかれねずみたち	ジェイムズマーシャ	M6下
318	化けくらべ	松谷　みよ子	T3下
319	夏のわすれもの	福田　岩緒	T4上
320	夏みかん	壷井　栄	G5上
321	火の話	浜田　広介	G3下
322	火をぬすむ犬	松谷　みよ子	K4下
323	花いっぱいになあれ	松谷　みよ子	G1下 K1下 M1下 O1下 T1下 T2上
324	花と手品師	竹下　文子	M6上
325	花のすきな牛	リーフ	K3下 N2下

	教　材　名	作　者	教科書
326	花火の夜の汽車	有馬　志津子	T4上
327	花子、立ちなさい	香山　美子	T3上
328	海	那須　辰造	T6上
329	海、売ります	岡田　喜久子	N4上
330	海さちひこと山さちひこ	神　話	T3下 T4上
331	海にしずんだおに	松谷　みよ子	N4下
332	海のいのち（海の命）	立松　和平	T6上 T6下 M6下
333	海のがくたい（海の楽たい）	大塚　勇三	G2上 G2下 T2下
334	海の光	緒島　英二	G3上 G3下
335	海へ行きたがっていたねこ	未確認	T3下
336	海をあげるよ	山下　明生	M2上
337	貝がら	大石　真	M4上
338	楽しいうそ	ノーソフ	T4上
339	気のいい火山弾	宮沢　賢治	G5下
340	鬼	那須　正幹	G4上
341	吉四六話	瀬川　拓男	M4上 M4下
342	体火山	いぬい　とみこ	T6上
343	救命艇の少年	石川　光男	G6上 G6下
344	魚になった人	未確認	N5上
345	鏡一寓話	佐藤　さとる	T6上
346	玉虫のずしの物語	平塚　武二	G5下
347	金色のつののしか	安藤　美紀夫	T2下
348	空いろのたね	中川　李枝子	M2上
349	空にうかぶ騎士	アノブローズ・ビアス	M5下
350	空をとぶゆめ	与田　準一	N2下
351	空飛ぶライオン	佐野　洋子	M4上
352	君ならどうする	ストックタン	M5下
353	形見の万年筆	池田　宣政	T5上
354	月の輪ぐま（つきのわぐま）	椋　鳩十	G4上 G4下 K4下
355	月夜のバス	百田　宗治	T2下
356	健にいのみかん	岸　武雄	G5下

第3章　国語教材とジェンダー　4　161

	教材名	作者	教科書
357	源じいさんの竹とんぼ	斉藤　了一	G5下
358	言葉をしゃべる犬	大石　真	N3上
359	古いしらかばの木	立原　えりか	T4上
360	袴垂と保昌	古　典	T5下
361	五つの花の駅	鶴見　正夫	T2上
362	五月になれば	加藤　多一	K5上
363	五月の初め、日曜日の朝	石井　睦美	G5上 K5上
364	五色のしか	民　話	M3上
365	吾輩は猫である	夏目　漱石	T5下
366	幸福の王子	オスカー・ワイルド	K3下
367	洪庵のたいまつ	司馬　遼太郎	O5下
368	紅鯉	丘　修三	T5下
369	高い石の柱	花岡　大学	M4下
370	黒たかをつぐ者	コロニー	K4下
371	最後の授業	アルフォンス・ドーデー	G6上 G6下 K6下 M6下
372	祭りの日	石森　延男	M4上
373	三びきのめだか	住井　すゑ	K3上
374	三まいのおふだ	松谷　みよ子	M2下
375	三人の旅人たち	エイキン	M5下
376	三太とタヌキのしっぽ	青木　繁	M5上
377	三年とうげ	李　錦玉	M3上 M3下
378	山なし取り	松谷　みよ子	T3下
379	残雪	椋　鳩十	G5下
380	子じか（子ジカ）物語	スクワイア	G5上 N4下
381	子じかのぴんちゃん	徳永　寿美子	T1下
382	子だぬきとやっこだこ	小沢　正	T2下
383	子ねこをだいて	那須　正幹	M5上
384	子やぎ	八木橋　雄次郎	M4上
385	子リス	未確認	N2上
386	子牛の話	花岡　大学	M3上
387	指きり	松谷　みよ子	K3下
388	次郎物語（抄）	下村　湖人	N6上
389	自てん車と本	未確認	N3上
390	手紙	宮本　輝	O5上
391	手紙をください	山本　明生	T2上

	教材名	作者	教科書
392	秋の風鈴	安房　直子	T5上
393	出かせぎからす	須藤　克三	G4下
394	春のおつかい	無記名	T3上
395	春のわたし船	菊地　正	G4上
396	春先のひょう	杉　みき子	T5上
397	小さい牛追い	マリー・ハムソン	M5上
398	小さなえんとつそうじ屋さんと作曲家	ポーケ	O3下
399	小さなお客さん	あまん　きみこ	K3上
400	小さなはくさい	工藤　直子	O3下
401	小さなりすの大旅行	ビル・ビート	T3下
402	小さな青いきかん車と牛	無記名	T2下
403	小さな青い馬	今江　祥智	M4下
404	小さな旅	杉　みき子	G6下
405	小人といもむし	肥塚　彰	K2下
406	小人の国	スウィフト	G3上
407	小鳥と三平	坪田　譲治	K2下
408	少年と子だぬき	佐々木　たづ	O3下 N3上
409	少年の使者（少年使者）	ロバート・デビス	T4下 N5下
410	少年駅伝夫	鈴木　三重吉	G6下 K5下 M5下
411	色が生まれる星	グレーニィエツ	O5上
412	森のうぐいす	アンデルセン	G2下
413	森の手じなし	坪田　譲治	K2下
414	親なし子グマ	ミルズ	N6上
415	水玉	森山　京	T3上
416	世界一美しいぼくの村	小林　豊	T4下
417	星のかけら	今江　祥智	N4下
418	星の花	今西　祐行	K3下
419	星野君の二塁打	吉田　甲子太郎	N5下
420	西鶴おもしろ話	古典	T4上
421	西風号のそう難	オールズバーグ	M6下
422	青い馬の少年	アーシャンボルト	N6下
423	青い花	安房　直子	G6上
424	青銅のライオン	瀬尾　七重	K4下 O4上
425	石ごえ三年	西本　鶏介	T3下
426	赤いスポーツカー		M1下
427	赤神と黒神	松谷　みよ子	N6下

	教材名	作者	教科書
428	雪という字	坪田 譲治	M4下
429	川とノリオ	いぬい とみこ	K6上
			K6下
			O6上
			O6下
			N6上
430	船上の一極	古典	N5上
			N6上
431	早くめを出せ	アーノルド・ロベール	N2上
432	争い	アミーチス	G4上
433	草色のマフラー	後藤 竜二	N2下
434	村のえいゆう	クーランダー・レスコー	K3下
435	村一番のさくらの木	来栖 良夫	G4上
			G4下
436	太一君の工場	佐藤 さとる	K5上
437	太郎こおろぎ	今西 祐行	M3上
438	待ちぼうけ	中国民話	M3上
439	大きなしらかば（大きなシラカバ）	アルチューホワ	G5上
			K5上
			T5上
			T5下
			N5下
440	大きな山のトロル	アンナヴァーレンベルイ	G3上
441	大きな大きなぞう		T2上
442	大きな木	シルヴァスタイン	K4下
443	大きな木がほしい	佐藤 さとる	G3上
444	大工とおに	松谷 みよ子	N3下
445	大造じいさんとがん	椋 鳩十	G5上
			G5下
			K5上
			K5下
			M5上
			M5下
			O5上
			O5下
			T5上
			T5下
446	大砲の中のアヒル	コウレイ、アレキサンダ	G3上
			G3下

	教材名	作者	教科書
447	地図のある手紙	宮川　ひろ	N5下
448	蜘蛛の糸	芥川　龍之介	T5下 T6下
449	柱のぬけあな	十返舎　一九	G5下
450	注文の多い料理店	宮沢　賢治	G5下 O5上 O5下 T5上 T5下 N6下
451	朝ぎりの中のおじいさん	大石　真	K4上
452	町を行進したぼくたち	大石　真	T3上
453	町角のライオンがり	フィリップ	K5下
454	天にのぼったおけや	川村　たかし	O1下
455	天に上ったおけやさん	水谷　章三	K1下
456	天のふえ	斉藤　隆介	N4上
457	天下一の鎌	斉藤　了一	G6上 G6下
458	天下一の馬	豊島　与志雄	T5下
459	土のふえ	今西　祐行	K2上
460	冬きたりなば物語	星　新一	O6上
461	冬の道	岡野　薫子	K4下
462	島の太吉	今西　祐行	N5上
463	島引きおに	山下　明生	G4下
464	桃花片	岡野　薫子	T6上 T6下
465	桃源郷ものがたり	松居　直	O6上
466	南に帰る	石井　睦美	M6上
467	二つの面	久保　喬	G5上 G5下
468	二ひきのリュウ	編集委員	N4上 N4下
469	二まいのはがき	大石　真	M4上
470	二十年前のサンマの化石	川北　亮司	N5上
471	二年生になったはるおくん	徳永　寿美子	T2上
472	二年生のはる	野村　昇司	N5上
473	二本のかきの木	熊谷　元一	T2上 T2下
474	燃える島	佐々木　たづ	M5下
475	馬ぬすびと	平塚　武二	N6上

	教材名	作者	教科書
476	伯牙と子期	古典	T6下
477	白いハト	岡野　薫子	N5上
478	白いぼうし	あまん　きみこ	G4上
			M4上
			M5上
			O4上
			N3上
			N4上
			N4下
479	白い風船	遠藤　周作	K6上
			K6下
480	麦畑	アリスン・アトリー	M5上
			O5上
481	八郎	吉沢　和夫	G5上
			K4下
482	八郎	斉藤　隆介	K5上
483	半日村	斉藤　隆介	G2上
			G2下
484	飛びこめ（とびこめ）	トルストイ	M4上
			M4下
485	飛べ、あげはちょう	高井　節子	T4上
486	父ちゃんの凧	長崎　源之助	G5上
			G5下
487	父の看病	アミーチス	M6上
488	風のゆうれい	ジョーンズ	O4下
489	風の強い日	山下　明生	M6上
490	分銅屋のえんとつ	氏原　大作	G6上
491	聞き耳ずきん	上笙　一郎	M3上
492	平家物語	古典	T6下
493	平太の角乗り	荻原　一学	N4上
494	片耳のシカ	椋　鳩十	N4下
			M6下
495	母さんの歌	大野　允子	O3上
496	坊っちゃん	夏目　漱石	T5下
497	魔法使いのチョコレート・ケーキ	マーガレットマーヒー	N5下
498	妹の宿題	ノーソフ	N4上
499	無言の行	未確認	N4上
500	名なしの雲の子	山下　欽一	G4下
501	茂吉のねこ	松谷　みよ子	M4下
502	木かげにごろり	金森　襄作	T3下

	教材名	作者	教科書
503	木登り	国松　俊英	K5上
504	木登り名人	昔話	G3下
505	木馬の目	吉田　とし	M4上
506	野の馬	今江　祥智	K6上 T6上 T6下
507	野ばら	小川　未明	G6上 K6下 M5上 M6上 M6下
508	夕日の中を	未確認	G4下
509	夕日の中を走るライオン	工藤　直子	G4上
510	落としたさいふ	アグネス・ザッパー	T5上
511	龍宮の水がめ	佐藤　さとる	M5上
512	柳城物語	香山　多香子	G4下
513	力太郎	今江　祥智	M2下 M3下
514	緑の馬	斉藤　隆介	G5上 N6上
515	路傍の石	山本　有三	N6下
516	虔十公園林	宮沢　賢治	N6下

「主要な登場人物の性別が不鮮明」な教材

※紙面の都合上、掲載年度は省略

	教材名	作者	教科書
1	アナグマの持ちよりパーティ	ハーウィンオラ	N3上 N3下
2	あらしのよるに	木村　裕	M4下
3	ありとはと	イソップ	K1上 M1上 T1上
4	いさましいきりんのわかもの	大石　真	G2上
5	いたちどんとねずみどん	なおき　まさはる	N1下
6	いちばんのねがいごと	ミヒャエル・エンデ	G3下
7	いちばんぼしのねがいごと	未確認	G3上
8	いちょうの実	宮沢　賢治	G6下
9	いばりんぼのくせに	宮川　ひろ	G2上
10	うさぎ	未確認	N1上

	教材名	作者	教科書
11	うさぎが空をなめました	あまん きみこ	G1下
12	うさぎとながぐつ	柴野 民三	M2上
13	うみのむこうは	岡本 良雄	G1上
14	うめの花とてんとう虫	工藤 直子	T2上
			T2下
15	おいの森とざる森ぬすと森	宮沢 賢治	N5上
16	おうむのるすばん	未確認	N1下
17	おおきな（大きな）かぶ	民話	T1上
			M1上
			O1上
			N1上
18	おこりじぞう	山口 勇子	N3上
19	おにども山からもう出るな	安ヶ川 甚治	G1下
20	おみやげ	星 新一	M5上
21	かえると水玉	編集委員	G2上
22	かえるのあおちゃん	田辺 憲	T1上
23	かえるのかくれんぼ	工藤 直子	M1上
24	かえるのけんぶつ	編集委員	G1上
25	かきの木	槙本 楠郎	M3下
26	かくれんぼ	野村 昇司	T1上
27	かにむかし	木下 順二	N2上
28	かわいそうなぞう	土家 由岐雄	G2上
			G2下
			K2上
29	きつつきの商売	林原 玉枝	M3上
30	きつねとつる	イソップ	G1上
31	きつねの子のひろったていきけん	松谷 みよ子	M2上
32	きりかぶの赤ちゃん	まど・みちお	M1下
33	くじらぐも	中川 李枝子	M1下
34	けむりのきしゃ	矢崎 節夫	K1上
35	けんかした山	安藤 美紀夫	K1上
36	こだまになった手紙	川北 亮司	N2下
37	ことりと木のは	宮脇 紀雄	M1上
38	こりすとふうせん	無記名	T1上
39	こわれた千の楽器	野呂 昶	T4上
40	さるの手ぶくろ	未確認	T2下
41	しずかなお話	マルシヤーク	N2下
42	しまりすの春	東 君平	K4上
43	しゃぼんだま	野村 昇司	T1上
44	すいせんのラッパ	工藤 直子	T3上
45	すずめのてがみ	神戸 淳吉	K1下

	教材名	作者	教科書
46	そうじ当番	那須　正幹	G4上 G4下
47	そしてトンキーもしんだ	たなべ　まもる	K2上
48	ぞうとくじら	無記名	M1上
49	たぬきのでんわは森の一ばん	安房　直子	T1下
50	だれにあえるかな	工藤　直子	M1上
51	ちくたくてくはみつごのぶた	与田　準一	N1上
52	ちちとぴぴのりょこう	神沢　利子	K1下
53	チロヌップのきつね	高橋　宏幸	G3上 G3下
54	つきよに	安房　直子	G1上
55	つばめ	長崎　源之助	G3上
56	とっときのとっかえっこ	サリー・ウィットマン	T4上
57	どうぞのいす	香山　美子	O1上
58	どうぶつのうんどうかい	無記名	N1上
59	ながれぼし	平塚　武二	N2上
60	にじ	編集委員	K1上
61	にじが出た	未確認	T2上
62	にじが出た	平塚　武二	N2上
63	にじはとおい	浜田　広介	G1上
64	にひきのかえる	昔　話	G1上
65	にれの町	百田　宗治	G5下
66	ネコマタ	古　典	N4上
67	ねずみのよめいり	昔　話	G1上 K1下
68	のろまなローラー	小出　正吾	K2下
69	のんびりつぼみ	面谷　哲郎	T1下
70	はっぱのことば		N2上
71	はなのみち	おか　のぶこ	M1上
72	はなび	森山　京	K1上
73	はやとり	民　話	M2上 T2上
74	はるかぜのたいこ	安房　直子	T1下
75	はるのあめ	川北　亮司	N1上
76	はるのくまたち	神沢　利子	K2上
77	はるのゆきだるま	石鍋　芙佐子	T1下
78	ひかりとそらまめ	与田　準一	M1下
79	ピザパイの歌	わたり　むつこ	G4下
80	ふきのとう	工藤　直子	M2上
81	ぼくのだ！わたしのよ！	レオ・レオニ	G2上 G2下

	教材名	作者	教科書
82	まほうづかい	島崎　藤村	K4上
83	まほうの首輪	未確認	N3上
84	マリアンの海	ファン・アンローイ	T4下
85	みんなでえんそく	編集委員	K1上
86	みんなでつくったおかしパン	柴野　民三	N1下
87	みんなでるすばん	岡本　良雄	K2上
88	みんなのくるま	未確認	N1下
89	もぐら原っぱのなかまたち	古田　足日	N3上
90	ヨーンじいちゃんの返事	ヘルトリング	O6下
91	よいしょよいしょ	松坂　忠則	N1上
92	われた茶わん	無記名	M2上
93	一ぴきたりない	外国童話	G1上
94	一ぴきのかえる	石森　延男	M2上
95	雨くん	村山　子	K1下
96	雨つぶ	あべ　ひろし	K1下
97	屋根のうかれねずみたち	ジェイムズマーシャ	K3下
98	火のリレー	浜田　広介	G3下
99	花だんのあるうち	水谷　まさる	T1下
100	金のさかな	今西　祐行	N2上
101	空高さんと雲のひげさん	トペリウス	T4上
102	月よのからす	石森　延男	M1下
103	月夜のしか	庄野　英二	T5上
104	古いしらかばの木	立原　えりか	K4上 K4下
105	三太郎おじさん（かきの木のある家）	壷井　栄	M6上
106	手ぶくろを買いに	新美　南吉	G3下 K3下 M3下 T3下 N3下
107	十ぴきのぶた	無記名	M1上
108	十一本目のポプラ	杉　みき子	T5上
109	春です春の大そうじ	こいで　たん	G2上
110	春のおつかい	佐々木　たづ	O2上
111	春の子もり歌	平塚　武二	M2上
112	春の自てん車	平塚　武二	K3上
113	春の雪だるま	石鍋　芙佐子	T2下
114	小さい白いにわとり	無記名	M1上 M1下
115	小さなねこ	石井　桃子	M1上

170

	教材名	作者	教科書
116	小鳥を好きになった山	アリスマクレーラン	G4上 G4下
117	少年と子ダヌキ	佐々木　たづ	N3上
118	森に生きる	今江　祥智	M3上
119	水色のぼうし	未確認	N3上
120	青いかきのみ	あまん　きみこ	O1下
121	赤いふうせん	石森　延男	M2上
122	赤いろうそく	新美　南吉	G2上 K2上 M2下
123	雪わたり	宮沢　賢治	K5下 T6下
124	川のなかのうんどうかい	無記名	M1上
125	村一番のさくらの木	来栖　良夫	N4上
126	大きい一年生と小さな二年生	古田　足日	N2下
127	大きなかぶ	民話	K1上
128	大きなかぶ（おおきなかぶ）	民話	G1上
129	大きなかぶら	民話	G1上
130	大きなキャベツ	岡　信子	O2上
131	地球を見てきた人	小松　左京	G4下
132	長い長いペンギンの話	いぬい　とみこ	N2下
133	天のふえ	斉藤　隆介	K6上
134	白い子犬	大石　真	T4上
135	百ぱのつる	花岡大学	G3下
136	風の子	編集委員	N2上
137	枕草子	清少納言	T6下
138	夕づる（夕鶴）	木下　順二	K3下 G4下 N4下

[注]

注1　内閣府男女共同参画局「男女共同参画社会に関する世論調査」平成16年度調査

注2　福岡市保健福祉局子ども部「青少年に関する意識と行動アンケート調査」（『青少年に関する意識と行動調査』平成14年10月　調査対象：小学校5・6年生、中学校、高校1・2年生、保護者、入乳幼児）

注3　内閣府男女共同参画局「男女共同参画社会実現の必要性」

(1)　HDI：人間開発指数（Human Development Index）基本的な人間の能力がどこま

で伸びたかを測るもので、基礎となる「長寿を全うできる健康的な生活」、「知識」及び「人並みの生活水準」の3つの側面の達成度の複合指数である。具体的には、平均寿命、教育水準（成人識字率と就学率）、国民所得を用いて算出している。HDI順位は、162ヶ国中の順位である。

(2) GEM：ジェンダー・エンパワーメント指数（Gender Empowerment Measure）女性が積極的に経済界や政治生活に参加し、意思決定に参加できるかどうかを測るもの。HDIが人間の能力の拡大に焦点を当てているのに対して、GEMは、そのような能力を活用し、人生のあらゆる機会を活用できるかどうかに焦点を当てている。具体的には、女性の所得、専門職・技術職に占める女性の割合、行政職・管理職に占める女性の割合、国会議員に占める女性の割合を用いて算出している。GEM順位は、64ヶ国中の順位である。資料出所：UNDP（国連開発計画）「人間開発報告書」（2001年）

注4　都留文科大学国文学科国語教育学ゼミ『みんなのほんばこ－ジェンダーの視点から見る児童文学－』平成16（2004）年3月発行。

　　図書館の児童書コーナーにあるような日本および翻訳の児童文学作品のうち、童話や小説を中心に、約150冊（子ども向けの雑誌も含む）を取り上げ、ジェンダーの視点から分類したブック・リスト。分類は、「積極的にジェンダーを超える視点を持った作品」（ランクA）・「固定観念をもたない、またはジェンダーを感じさせない作品」（ランクB）・「類型的な男女別役割に縛られている作品」（ランクC）の3分類である。

注5　伊藤良徳他『教科書の中の男女差別』明石書店　1991

5 日本版シンデレラ「おしん物語」
―国語教育史の中のジェンダー―

はじめに

　明治33(1900)年に発行された坪内雄蔵(坪内逍遙)『國語讀本』は、儒教道徳が前面に出ておらず、文章が洗練されており、児童への配慮がうかがわれる、近代的ですぐれた読本である。しかしながら、ジェンダー形成に関しては、当時の読本の例にもれず、問題がみられる。その問題を、「おしん物語」という教材で明らかにしていこう。

1　明治期（前期）女子教育の状況

　明治26(1893)年7月26日、文部省は「女子教育ニ関スル訓令」を出した。内容は次のとおりである。

　　普通教育ノ必要ハ男女ニ於テ差別アルコトナク且女子ノ教育ハ将来家庭教育ニ至大ノ関係ヲ有スルモノナリ現在学齢児童百人中修学者ハ五十人強ニシテ其ノ中女子ハ僅ニ十五人強ニ過キス今不就学女子ノ父兄ヲ勧誘シテ就学セシムルコトヲ怠ラサルヘキト同時ニ女子ノ為ニ其教科ヲ益々実用ニ近切ナラシメサルヘカラス裁縫ハ女子ノ生活ニ於テ最モ必要ナルモノナリ故ニ地方ノ情況ニ依リ成ルヘク小学校ノ教科目ニ裁縫ヲ加フルヲ要ス

　　右訓令ス

　冒頭で「普通教育ノ必要ハ男女ニ於テ差別アルコトナク」と、教育における男女の平等をうたいつつ、女子の就学率、修学率を上げるために文部省がとった措置は、「教科ヲ益々実用ニ近接」するために小学校の教科に裁縫を加えること、すなわち男女別の教育内容を設けることであった。しかしながら「小学校ノ教科目ニ裁縫ヲ加フル」必要性は、すでに明治12(1879)年の「教育令」に「女子ノ為ニハ裁縫等ノ科ヲ設クヘシ」として見られ、以降、明治26年の「女子教育ニ関スル訓令」に至るまで、教科目への定着をはかりながら提唱され続けるのである。

さらに、明治30（1897）年には「女子教育の訓令」が出される。明治30年の訓令は、男女別学に関し、次のように述べている。

　　小学校に於いて、男児と女児とは務めて学級を別ち、教室を異にし、なお便宜学校を別にし、各々その性質慣習と生活の必要とに応じ、最も適切なる方法をもってこれを教育せんことを要す。かくのごときは、ただに男児教育の実相をますます発揮するに必要なるのみならず、また女児教育をますます女児に適切ならしむるにより、自ら女児就学の数を増すことを得ん。

　つまり、小学校においても男女を別学とし、それぞれの性差に応じた適切な教育が行われることが必要だというのである。明治26年の「女子教育ニ関スル訓令」で示した女子への裁縫教育実施は、男女別学が奨励される中で、特性教育としての色彩をいっそう強めていったことがわかる。
　では、その明治30年代の初め、わが国の女子の教育の実態はどうだったのだろうか。
　明治32（1899）年、「実業学校令」「高等女学校令」「私立学校令」が、また、翌33（1900）年には「小学校令」「小学校令施行規則」が公布された。これによって、義務教育の年限は４年となり、就学率も急激な伸びを示した。すなわち、明治33年は学齢児童総数約653万人（男子約342万人、女子約311万人）に対して、就学児童数役532万人（男子約309万人、女子約223万人）で、就学率は平均で、81.5％もあった。これを男女別にみると、男子の就学率が90％を超えているのに対して、女子は71.7％と数値はいくぶん低いが、前年の明治32年に、男子が85.1％、女子が59.0％であったことからみると、女子の就学率の伸びにはめざましいものがある。
　坪内雄蔵著『國語讀本　尋常小学校用』『國語讀本　高等小学校用』（明治33年９月および10月、以下、「坪内本」とする）が発行されたのはこのような教育制度が安定期に入ってきた時代であった。そこで、もう少し、女子教育の内実に踏み込んでみよう。
　明治33年の「小学校令施行規則」は、その第一章、第一節「教則」で「男女ノ特性及其ノ将来ノ生活ニ注意シテ各々適当ノ教育ヲ施サンコトヲ務ムヘシ」と、男女の性別による特性教育をはっきりと打ち出している。また、そ

の三条には「女児ノ学級ニ用フル読本ニハ特ニ家事上ノ事項ヲ交フベシ」とあり、女子の特性に合った教材を用いることが求められている。さらに、第三節「編成」では、明治12年の「教育令」で示された男女別学を、あらためて男女の特性に適した教育として位置づけている。

　明治30年代は、教育制度が整い、女子の中等教育に目が向けられるようになり、女子の特性・本質の研究が進んで女子教育に関してさまざまに論じられた時代でもあったが、そこでの女子教育観は、端的に言って儒教主義女子教育論を引き継ぎながら、家事・育児を取り仕切る「良妻賢母」の育成にあった。その「良妻賢母」は、近代国家成立の過程で生成発展していった女子教育の思想であった。すなわち、「良妻」という点で、江戸期以来の夫や舅姑に仕える嫁としての儒教的女性像、また儒教的賢母像を継承していたが、また、その一方で、近代国家建設に資する人材を生み出し、それを家庭において教育しうる存在として、家庭教育に責任を持つ西欧の母親像を取り入れた「賢母」像が成立しつつあったと考えられるのである。しかし、その「良妻賢母」は、近代的家庭婦人の誕生として具現化する理念であったはずだが、それは封建時代とは形を変えながら女性を家というものに縛りつけるものとなり、女子のみならず男子の女性観にも深く影響し、性差による役割意識を形作っていったと考えられる。

　坪内本の背景には上記のような明治30年代の女子教育観があったのである。

2　明治33（1900）年「小学校令」改正と坪内本

　明治33年の「小学校令」改正によって、「読書」「作文」「習字」は統一されて「国語科」という教科が成立した。「小学校令施行規則」における読本に関する注意は、明治24（1891）年の「小学校教則大綱」と基本的に変更はないが、特に女子に関する部分が付加されている点に注目したい。

　　読本ノ文章ハ平易ニシテ国語ノ模範ト為リ且児童ノ心情ヲ快活純正ナラシムルモノナルヲ要シ其ノ材料ハ修身、地理、歴史、理科其他生活ニ必須ナル事　項ニ取リ趣味ニ富ムモノタルヘシ女児ノ学級ニ用フル読本ニハ特ニ家事上ノ事項ヲ交フヘシ。

　この「小学校令」が公布されたため、明治32（1899）年に冨山房から出さ

れた坪内雄蔵『讀本　尋常小学校用』巻一〜巻八は、わずか１年で「小学校令」に準拠した『國語讀本　尋常小学校用』巻一〜巻八、『國語讀本　高等小学校用』巻一〜巻八に改められた。

　その坪内本の特色は、文章表現と内容・構成にあらわれているとされる。文章表現については、「小学校令」の「読本ノ文章ハ平易ニシテ」に準拠したことが「児童語を用いた自由で動的な表現」や「巻一における自由にして動的な生き生きした表現、巻二以上の口語体文章の増加」、「文脈が平明、趣味ある表現」（注１）、「口語文を特に重視してゐる」（注２）点などに表れているとされる。また、「児童ノ心情ヲ快活純正ナラシムルモノナルヲ要シ」にかなうものとしては、「一単元が一つの意味的まとまりをもち、児童の生活や心理、季節感にも合致し、感興を呼びやすくなっている」（注３）と言われる。また、「教材の児童生活化とともに、文学性・興味性に力を入れている」（注４）という点も坪内本の特色と見ていいだろう。そのため、「同期の代表的国語教科書」（注５）あるいは、「博士一流の卓越した文章を収録した名書」（注６）と言われているのである。

　なお、坪内本発行当時、佐々木吉三郎は「読本中如何なる教材が最も児童に歓迎せらるゝかに関する研究報告」（注７）において、坪内本の挿絵の魅力について述べている。さらに、調査をふまえて、可愛らしいものを好み、極端に活発なものは好まないことを女子の特性と指摘している。女子への配慮として注目しておきたい。

　さて、坪内は「編纂要旨」（明治34（1901）年、冨山房）において、「尋常科読本は、毎一枚を平均四時間にて教授し」といった具体的な扱いにも触れながら、「選材」「排列」「記叙法」「文章」「挿絵」「掛図」の各項目に関して、その教育観と教科書編纂上の配慮について述べている。「選材」の項をみてみよう。

　　一、尋常小学校の読本教授は、能く語り、能く読み、能く書くの技能を得しむるに止まらず、地理、歴史、理科等の諸科をも兼習せしめ、諸学科の中心となりて、普通知識の端緒までをも授くべきものなれば、材料は、及ぶべき限りは、国民教育の素となるべき各方面に取りたり、
　　（以下略）

と、選材の基本理念を述べている。すなわち、読本教授の目的を「語り、読み、書く」といった国語の技能をつけるだけでなく、地理や理科、歴史、経済、また吟味した上で採用した本朝童話など、多様な内容をもった読み物教材を提供することで、「普通知識の端緒までをも授く」こととしている。また、高等科においては、「男・女」「都会・地方」「上流中流・下流」など、対立する要素をもった学習者への配慮、あるいは、内容が「実利・教養」のどちらにも片寄りのないような配慮がなされている。さらに、それらの教材は、「児童の知解に適し、且つ感興又は同感を促し易きもの」であって、読書愛好へとつながるものであることが求められている。

　坪内本は、このように読書への発展を意図して、児童・生徒の興味をひき、共感を得られるもの、文学的にすぐれた教材を中心に、「内容上の連絡」（「排列」の項）を考慮して組織されている。また、「文章中小児の語は、及ぶべきだけは、自然にして実際に近からんことを力めたり」（「記叙法」の項）とあるように、低学年の口語文を用いた教材には児童語が多く取り入れられていて、自由でのびのびとした文章になっている。教科書としてはさまざまな点で、たいへんすぐれていたと言えるだろう。だからこそ「三七年から実施された国定教科書に採用された教材が多い」（注8）ということにもなったと言えよう。その坪内本の教材の中で、坪内雄蔵自身の手になるものをみておこう。

　『國語讀本　尋常小学校用』は、巻一～巻八のうち、課が設定されているのは巻二からで、巻二は二六課、巻三、四、五、六は二五課、巻七、八は二三課で構成されている。このうち、梅澤宣夫氏の調査（注9）によると、「逍遙作品」とされるものは、「女子の務」（巻七・五課）、「三羽の蝶」（巻七・九課）、「工業の歌」（巻七・一六課）、「夕立」（巻七・一八課）の4教材である。「三羽の蝶」と「夕立」は、共に元元堂書房編纂『高等女学校用国語読本』（明治41（1908）年12月）など、多数の教科書に収載されている。

　『國語讀本　高等小学校用』は、巻一～巻八のうち、巻一、二、三は二二課、巻四は二三課、巻五、六、七、八は二四課で構成されている。梅澤氏の調査では、そのうち、巻一の「おしん物語」以下、51の教材が「逍遙作品」とされている。

上記の教材中、本研究では、ことにジェンダーに関わるものとして、尋常科用・巻七の五課「女子の務め」、高等科用・巻一の二一・二二課「おしん物語」を取り上げて検討することとする。
　なお、詳細については後述するが、「おしん物語」は、逍遙による翻訳作品であって、原作はグリム童話の「灰かぶり」であると思われる。原作が逍遙によるものではないために、かえって逍遙の教材観を見ることができると考えられる。

3　比較としての金港堂『國語讀本』

　坪内本は「一府四県で使用」（注10）されたとある。同じ明治33年発行の金港堂『尋常國語讀本』『高等國語讀本』（以後「金港堂本」とする）は、「岩手、秋田、東京、山口」（注11）で採択されていた。採択地域の比較においては、坪内本の方が部数をのばしているように見えるが、当時、金港堂は大手出版社としての実績を積んでおり、新興勢力であった冨山房の坪内本が金港堂本を凌ぐ部数となり得たかどうかは疑わしい。金港堂本については「当時、非常に多く用いられた読本であって、明治三十年代の国語教科書を代表している」（注12）とあるように、同時代に並び立つ二大教科書である金港堂本を取り上げることは、坪内本の特色をいっそう鮮明にするはずである。
　金港堂本に関しては次のような解説がある。
　　　巻四までは韻文以外はすべて口語文。低学年における同一人物の反復登場、物語教材の児童の話としての提出、家庭における礼儀正しい言語表現等、本書の主な特色である。編集については、関連ある教材の並出、巻五以後の巻末に日本や世界地図の添付、高学年における課末における関連的行書の手紙等が工夫されている。文学的教材、韻文教材は少なく、国民道徳、忠君愛国の教材が多くなっており、巻頭・巻末の国民教材がめだってきている。（注13）
　「同一人物の反復登場」とあるのは「おはな」（「オハナ」「お花」）と「たろー」（「タロー」「太郎」）のことである。「おはな」と「たろー」は、巻二で「おとなしいよいこ」の姉と弟として登場する。「物語教材の児童の話としての提出」は「たろー」の話として「舌切り雀」や「兎と亀」が、「おは

な」の話として親子猿の話などが提出されていることをさしている。また、「家庭における礼儀正しい言語表現」については、巻二の「タローノハナシ」における「はゝさま、けふは、おもしろいしょーかをならひました。たゞいま、うたって、おきかせまうしませう」というような言葉づかいにあらわれている。また、巻四の巻頭「三つのおかげ」は「天子さま、父母、先生」のおかげを説いた教材であり、巻末「天神様」は菅原道真の逸話から神社を「敬ヒタット」ぶことを教える「国民教材」となっている。また、金港堂本高等科用に関しては次のように解説されている。

　文字・文章の平易化とともに、整然とした模範的表現、古典教材における作者と署名の付記、社会生活と直結する実用的教材の増加、理科的教材における実用的立場からの採りあげ、女子教材への配慮、言語学習における談話練習のための講演体文章の各巻配置、内容関連性教材の一連的排列などが特色である。これらの各巻を全体として貫いているものはやはり忠君愛国の思想を培う国民教材である。〔下線は筆者〕（注14）

「女子教材への配慮」が金港堂本の特色の1つとしてあげられているが、それがどのようなものであったのか、金港堂本の編纂趣意書ともいうべき「緒言」によって、その意図を明らかにしてみよう。

　本書ハ、毎巻女子ニ適切ナル家事経済上ノ事項及ビ女子須要ノ心得等ヲ挿ミタレバ、男子用ニノミ偏スルノ憂アルコトナシサリトテ女子用ニノミ偏スル記事ハ、男子ノ為メ極メテ疎外セラルルコト多キヲ以テ、特ニ此ノ点ニ注意シ、専ラ女子ニ課セントスル事項ト雖モ必ズ男女共通ノ性質アル者ヲ撰ビ、之ヲ修身、衛生、衣服、飲食、住居等ノ題目ニ分テリ。

ここでは「女子ニ適切」なものとして「家事経済上の事項及ビ女子須要ノ心得」をあげ、本書がそれを意識した編集になっていること、つまり女子向き教材への配慮があることをアピールしている。しかしながら、「女子用ニノミ偏スル記事ハ、男子ノ為メ極メテ疎外セラルルコト多」いので、「専ラ女子ニ課セントスル事項」であっても「男女共通ノ性質アル者ヲ撰」んだということである。今日的感覚からいえば、この文章には、教材中にあふれて

いる「専ラ（女子ではなく男子）ニ課セントスル事項」についてはまったく意識されていないという問題が見られる。女子に対する配慮を示す文章の底には、男子が基準であり普遍的であって、女子はそれ以外のものという、今日まで根深く続いている男子中心思想が見て取れる。英語の「man」が「人」をさすと同時に「男」をさすというのと同じ基盤に立つ考え方だ。そうではあってもしかし、女子就学率の上昇と共に、あるいは女子教育の進展拡張と共に、学習者としての女子を意識しないではいられないという編集者の姿勢が、このような配慮となってあらわれたことは、そうでないよりも数段の前進であると思われる。しかし、その一方で、女子向きの教材が、女子としてのあるべき姿、女子としての役割、すなわちジェンダーを浸透させていくという働きをしたことも事実である。

　女子用と見られる教材には次のようなものがある。
〈尋常科用〉「竹の子のうりかひ」（巻三）「りょーりのまね」（巻三）「針仕事」（巻四）「オフユノイトトリ」（巻四）「朝ガホ」（巻五）「人形の病気」（巻六）「養生」（巻六）「女子の心得」（巻六）「養蚕」（巻七）「井上でん」（巻七）「家事経済」（巻八）
〈高等科用〉「和洋の食物」（巻一）「日記帳簿」（巻一）「女禮」（巻二）「裁縫」（巻二）「呉服太物」（巻三）「衣服の料と色」（巻三）「洗濯」（巻三）「食物の調理」（巻四）「室内の装飾」（巻四）

　これらの教材のうち、「女子の心得」「女禮」は、儒教的女性観を示す「女四書」「女大学」と同様に女子としてのあるべき姿を示し、「針仕事」「食物の調理」などは女子の役割を示すものである。

　金港堂本は、女子への配慮を示すことでかえってジェンダー形成を強めるものとなっていた。それは女子に関することだけではない。たとえば巻三の第六課「軍のまね」は、「てきはにげゆく草木はなびく、むかふにまへなき日本男児」という軍歌を取り入れた教材で男子に男子のあるべき姿を示し、そのことで男女の性役割を鮮明にした。すなわち、「忠君愛国の思想を培う」ことを特徴とする金港堂本は、両性の特性にあった教材配列に配慮することで、ジェンダー形成を強めるものとなっていたのである。

4　坪内本に見られるジェンダー形成の問題

(1) 〈尋常小学校用〉教材

　坪内本の「編纂要旨」および「はしがき」をジェンダーの視点から検討してみるが、ジェンダーに関わることは「編纂要旨」の「選材」の項に、「男生徒にのみ適して、女生徒の用に叶はざるやうの事」は「除き得たり」ということが書かれているのみである。男女が共に読む教材であっても、そこに、あえて性差をもちこもうとはしていない。上記の金港堂本が女子に対する配慮を掲げているのに対し、性差による区別の認識があからさまに出てはいないと言っていいだろう。しかし、その坪内本も、ジェンダー形成と無縁ではなかった。

　以下、坪内本における教材のジェンダー形成の問題を、資料に示した「教材一覧」にそって、取り上げていくことにする。

① 　巻二「レンペイ」巻二「キクノハナ」

　「レンペイ」に見られるのは、男は軍人となるべきであるというジェンダー形成であり、また国家主義的傾向でもある。このような傾向は、「キクノハナ」にも見られる。

② 　巻二「ユキダルマ」

　ここにみられるのは、男は外遊び、女は内遊びといった、遊びの区別である。この背景にあるのは、男は元気で活動的であり、女はしとやかであるといった、性別による固定的な見方である。

④ 　巻三「田うゑ」

　この教材にも、男と女の仕事を分けているという点で典型的な性別役割が見られる。

⑤ 　巻五「郵便箱の歌」

　ここに見られるのは、まずは女文字の問題である。女が使う言葉すなわち女言葉があったように、女が使う文字を女文字と言った。男女で、言葉や文字が使い分けられていたのであるが、ここでは、「わけて、なつかし、此の女もじ」とそれを意識化している。また、女子には花かんざしという装飾品を、男子には活動に使う実用品を与えるというところにも、ジェン

ダー意識の存在が認められる。

⑥　巻六「高橋東岡の妻」

　ここに見られるのは、妻の心得であり、同時に、夫たる者の立身出世の姿である。妻は夫を、家計や家事のことで煩わせず、また、家庭を夫の安らぎの場とすることが、女としての務めであると言う。これは、良妻の教えである。一方、夫は、家庭のことは妻に任せて、外で活躍し、一角の人物になれと教えている。ジェンダー形成の典型的な教材である。

(2)　巻七「**女子の務**」

　をな子と生れ出でし身は、先づ第一は、気立てぞや。よし、顔ぶりに、花なくも、人をそねまず、いつはらず、言葉すくなに、しとやかに、心すなほに、やさしくば、それぞ、しぼまぬ花の色。

　家に在る日は、父と母、とつげば、をつと、ふたしうと、如何なる人に向ふにも、先づ、思ひやりを第一に、我身つめりて、いたさ知り、うきはなぐさめ、楽みは、下々までも、分かてかし。

　芸のいろいろ、ひまびまに修むるもよし、さりながら、先づたちぬひよ料理法、家事のまかなひ、一わたり、えい生、育児、算術や、読み書くわざも、證文に、せめて、人手を借らぬまで。

　妻よく、内を治めなば、夫は、外をもっぱらに、その事々を成就せん。母、すこやかに、かしこくば、子等も、かしこく育つべし。をっとや子のため、国のため、重き務めぞ、女子の務は。（本教材は「女子のつとめ」として、鈴木静穂・山口啓市共編『統合女子国文教科書』〔明文堂　大正14（1925）〕巻四にも収載される）

本教材は、女子にとっても男子にとっても、かなり明確に、女とはこうあるべきだというジェンダーを形成する典型的な教材である。

坪内本の特色として、児童の興味や生活に即し、しかも文学性に富む教材ということがあげられているが、本教材も児童にわかりやすく、しかも朗唱できるような韻文となっている。全体は4連の構成で、すべての連が女子に対する心構えをうたったものとなっている。

まず、1連では、女性の美点は容色よりも気立てにあるとする。容色は加齢と共に衰えるが、気立ては「しぼまぬ花の色」で、それを第一に心がける

ように諭している。2連は、思いやりと協調のすすめで、家を守るための精神的心構えを諭している。3連は、家庭婦人として身につけるべき家事の技能や教養を示すものである。「えい生、育児、算術や、読み書くわざ」といった教育によって身につく教養を取り上げ、近代的家庭のあり方を諭している。4連は、「良妻賢母」を児童にわかりやすく説いたものである。良妻として家庭を守ることが夫の成功につながり、「賢母」であれば子どもを「かしこく育」てることができる、それが、夫や子どものためであり、ひいては国のためにもなると諭している。女子の責任を示しながら、女子の存在の有用性を述べたものである。「重き務めぞ、女子の務めは」という倒置は、七音七音が重なる口調のよさばかりでなく、女子に向けられた作者の思いを感じさせるものとなっている。

　本教材には、儒教道徳に縛られた隷属的な女性像が示されているわけではない。教養や知識、また家事の技能や礼儀作法まで心得た近代的な女性像が示されている。その点で、典型的な「良妻賢母」教材と言えよう。しかも、児童が朗唱し暗唱するのに適した、口調のよい韻文の形をとり、女子としてしてはならない禁止事項を示すのではなく、あるべき姿を示すものであるため、押しつけがましさを感じさせない。坪内本「女子の務」と金港堂本「女子の心得」を比較してみると、坪内本と金港堂本との違いがいっそう明らかになる。

	女子の務（坪内本）	女子の心得（金港堂本）
1	色よりも気立てが大事	素直さ・やさしさ・おとなしさが大事 学芸に秀でていても誇ってはならない
2	思いやりが大事 父母、夫、舅姑など	言葉をつつしみ、控えめにののしり騒ってはいけない
3	裁縫、料理法、家事、衛生、育児、算術、読み書きが大事	容姿を整え、取り乱さないようにすること
4	よき妻であり賢い母であることが女子の務め	裁縫、料理、綿紡ぎ、養蚕などは女子の務め、身の程に従って手業をよくするよう心がけること

　「女子の心得」と比較すると、坪内本で求められている女性像は金港堂本のように儒教道徳的ではないことが明らかである。「良妻賢母」としての近代的女性が描かれていると言ってもよいだろう。また、表現についても、断

定的で否定的な文章で「女訓」となっている「女子の心得」に対して、口調のよい韻文である「女子の務」は文学性が高いと言えよう。しかし、それでも、「女子の務」が典型的ジェンダー形成教材であることに違いはないのである。

(3) 高等小学校用　巻一「おしん物語」

「おしん物語」の原作はグリム童話の「灰かぶり」であると思われるが、話の内容としてはペロー童話に近い。「おしん物語」の原典を特定することができないので、坪内本が出される以前に訳出されたグリム童話の「灰かぶり」と比較することで、「おしん物語」にみられるジェンダー形成の問題を明らかにしたい。

明治33（1900）年以前に訳出された「灰かぶり」でもっとも古いのは、明治20（1887）年に出された、日本で最初のグリム童話の訳本『西洋古事神仙叢話』（菅了法訳）に「シンデレラの奇縁」として収録されているものである。その後、明治24（1891）年には、渋江保訳の『小学講話材料西洋妖怪奇談』が出され、その中に「シンドレラ嬢奇談」として収録されているものがある。ほかに『幼年雑誌』に掲載された愛柳子訳の「清き貴女シンドラー」もあるが、これについては未見である。以下に、作品の概要を示す。

◆「シンデレラの奇縁」

主人公は、おすゝという名である。城主が宴会を催すと聞いて、おすゝは行きたいという希望を口にするが、継母のたくらみで叶わない。鳩が舞踏靴や錦の小袖を出す。グリム童話の初版本の筋書きと極めて近い。公子もおすゝも、自らの意志で行動する人物として描かれている。

◆「シンドレラ嬢奇談」

「シンデレラの奇縁」と同様、グリム童話と変わらない筋書きで、主人公は「欠皿」ことシンドレラである。国王の宴席に出たいと願うシンドレラを救うのは、鳩で、シンドレラは三日も大饗宴に出かけていく。皇太子もまた、「此婦人は予の敵手なり」と、シンドレラに対する自分の思いを表す。

◆「おしん物語」

「おしん物語」の主人公はおしんで商家の娘である。下女も同様に使われているが、「心だてのよいおしんは、少しも怨まず仕へて」いる。台所で雑

巾をさしていると、「小さな弁天様」が現れ、「おしんや、お前、園遊会へ行きたくはないかえ」とたずねる。「行きたい事は行きたいけれど、行かれませぬもの」と答えるおしんに、弁天様は、馬車だの晴れ着だのを出してくれる。

園遊会は翌日も開かれたが、おしんは弁天様に「行きたいけれど、今日は参りますまい」と言う。弁天様は「それは善い心がけ、今に、褒美をやりませう」と言う。華族の使いが、おしんが忘れた扇を持って、扇の絵を答えられる娘をさがしに来る。絵を答えたおしんは、華族方へ嫁入りすることになる。

「おしん物語」は、どちらかといえば「シンデレラの奇縁」に近いが、弁天様の登場などから、2作品よりもはるかに日本的な設定となっている。翻案と言ってもよいほど、その内容には変化がみられる。靴の代わりの扇といった小物はともかく、次の2点において、グリム童話、さらに2作品との違いを確認できる。

①人物像の違い

おしんは、木をゆすってドレスをねだり、舞踏会に行ったことを隠し通すグリム童話の灰かぶりとはまったく違う人物像である。おしんの特徴は「心だてのよさ、心懸けのよさ」にある。それは、自分の願望を叶える努力はしないかわりに、義妹のおこまを気の毒がるという思いやりとしてあらわれている。前掲「女子の務」の「先づ、思ひやりを第一に」の通りである。その気立てを弁天様に認められ、褒美として「綾錦を着る身」となる華族方への嫁入りが与えられる。また、おしんと同様に、若殿も、灰かぶりを帰さないように階段にタールを塗ったり自ら花嫁探しに出かけたりする王子とは、まったく違う人物像となっている。おしんを迎えたいという意志さえ明らかではない。縁談をまとめるのは周囲の者たちである。

②願いを叶える不思議な存在の違い

「おしん物語」は、不思議な存在の力をかりて幸運をつかむというグリム童話の筋書きを使ってはいるが、グリム童話にみられる〈母性の力〉は失われている。グリム童話では、灰かぶりを守り救うのは死んだ母親の愛情であった。母親の墓に植えた木とそこに集まる鳩は、母親の愛情の化身である。

母性は守るべきものの願いに対して不思議な力を発揮するのである。しかし、おしんにとっての弁天様は愛情をかけるというよりは褒美を与える存在である。欲をもたず人を思いやるという気立てのよさや裁縫上手という技能の持ち主であることなどに報いを与える存在で、それは愛情とは違う設定である。結末が「日ごろの心懸けのよい報いであった」とあって、物語の教訓性を示しているが、それはまた坪内の女性観、教育観を示すものでもあると考えられる。

〈付記〉 結末の違い

　グリム童話は1812年に『児童と家庭のメルヘン集』第1版が発行されてから、1857年の第7版まで、版を重ねるごとに、児童向けの読み物としてふさわしいように、改作によって残酷さを薄めていった。「灰かぶり」の場合、版の違いは結末に明らかである。

　「シンデレラの奇縁」は、「やがて玉の輿にのせておすすを迎へて帰へりける」という一般に普及している結末である。一方、「シンデレラ嬢奇談」は、異母姉妹の紅皿と菊皿は、小さな靴に合うように足指を切断し、最後には「悪事の罰として、盲となれりと云ふ」ことになる。これは、初版本に近い結末となっている。

　「おしん物語」は、気立てのよさや心がけのよさは報われるという教訓を、金港堂本の「女子の心得」のように生な形で提出するのではなく、物語のおもしろさの中に包み込んだ教材であり、児童への配慮や文学性をもった、坪内本らしい教材と言えるだろう。しかしながら、そこに描かれた人物像は、当時にあっても自らの人生をきりひらくべく積極果敢に活動を始めた現実の女性たちからははるかに遅れた、儒教道徳に絡め取られている女性であり、また男性でもあった。野口芳子氏は、管了法訳の『西洋故事神仙叢話』を次のように厳しく批判している。

　　結局、管のこの訳本は、当時のブルジョア層の道徳観と一致し、家父長主義的国家体制を批判するかわりに、かえって内から支える教養書としての働きをした。(中略) グリムのメルヒェンの翻訳を通じて、西洋の精神文化を紹介しながら、かえって当時の日本の家父長主義的家庭が持つ道徳観を助長したことによって、むしろ管は、日本の天皇制絶対主義の社会をも、間接的ながら指示していたことにもなるのである。(注15)

管氏に向けられた野口氏の批判は、そのまま坪内雄蔵にも向けられる。「予は信ず、徳育の本意は徳性の根本を養ふにあり、而して二十三年の聖勅は国民の資格を定めさせ賜へるなりと」(注16) と言って教育勅語を支持し、それを根幹にした徳育教育を提案した坪内は、「日本の天皇制絶対主義の社会」を積極的に支えようとした者でもあった。しかし、一方で、「先生に於ては芸術と教育とは決して離ればなれなものでは無かったのである」(注17) と言われる。「文芸教育家」(注18) とされる坪内による読本は、決して教訓の直訳的押しつけをせず、芸術性という点ですぐれていたことも事実である。

　なお、「おしん物語」は、翌明治34（1901）年発行の、坪内本高等小学校用第四版からははずされ、代わりに「橘姫」と「岡崎秀民と青地某」という教材にさしかわっている。

5　「道徳の要旨」に見られる坪内雄蔵の女性観

　坪内自身の女性観を知る手がかりとなるものとして、明治40（1907）年に、早稲田大学の１年生に対して行われた道徳の講義をまとめた「道徳の要旨」(注19) がある。文学博士坪内雄蔵講述とある十六章からなる講義録である。その中の第十五章「清操」の章で、坪内は、「未来の理想的国民を以て自ら任ずる者は名利に対して清廉ならんことを期すると同に、女性に対して潔白に其の身を持し、種々の誤れる風習を刷新することを務とすべきなり」と言う。そして、武士道徳のもとにおいては「一夫数婦を娶ることを許したりしかば、因襲の惰力にて、血統を伝ふる必要なき又は嗣子を缺かざる人々の間にも、旧風習の今尚行はるることあると共に、女性を一種の玩弄物の如くに思へるものも無きにあらず。彼の妻とせんとの意無くして女性の操を弄ぶものの如きは是なり。（中略）按ふに、清操をひとり女子に責むるは男尊女卑の思想より流れ出でたる謬習の一なり」と一夫数婦を否定する。この一夫一婦制を守ることが「清操」になるということについては、すでに明治７（1874）年５月から８年２月まで、森有礼が『明六雑誌』に「妻妾論」として提唱している。「清操をひとり女子に責むるは男尊女卑の思想より流れ出でたる謬習の一なり」と言いきる坪内の講義は、男子学生を、女子を男子に隷属するものとして扱う封建的、因襲的な女性観から解放するものであった。し

かしながら、「必ずしも一夫多妻を絶対的に悪とは云はぬ。例へば、国家のため、人類のため（中略）必ずしも不都合はないではないか？」(注20)とも言っており、一夫多妻を問題視することが、女性の人権を尊重することから出たものではないことも明らかである。また、「人形の家」のノラに関して「互ひに自我を立するに当っては、何れが自尊心が盛んかと云へば、習俗上からいっても男が上なことはいふまでもないのであるから、現在のところは女から譲らねば成り立ち難いが習慣である」(注21)と述べて男の優位性を断定する。ここに、坪内の限界が表れていると言っていいだろう。

「女子の務」や「おしん物語」に見られるように、儒教道徳的女性像を否定し、西洋にも通用するような近代的女性像を志向しながら、結局、坪内も実質的には儒教道徳的女性観から解放されることはなかったのではないだろうか。つまり、儒教道徳的女性像に西洋的「良妻賢母」の衣をまとわせた、言ってみれば、和洋が混じり合った形の女性観に立っていたのではなかったろうか。そして、その女性観から生まれた女性としてのあるべき姿は、結局、親や夫、舅姑に隷属する者から、男児を生んで育てることで国家に隷属する者を志向することになったのである。そして、このような女性観・女性像は、国語の学習を行う中で、児童にわかりやすい平易な文章、おもしろい物語の読みを通して、男女の児童に浸透していったのである。

坪内自身が、決して男尊女卑に凝り固まった差別論者だったのではない。むしろ、女性を尊重する道徳観の持ち主だったことは、彼の講義録等から知ることができる。しかし、文学性に富む作品においても、言葉の問題として、ジェンダー形成が行われうるのである。そこに、国語科の言葉の教育としてのむずかしさがある。坪内本は、そのことに関して、私たちに多くの示唆を与えてくれているのである。

[注]

注1・4・13・14　『国語教育史資料　第二巻　教科書史』解説　東京法令出版　1981
注2・6　秋田喜三郎『初等教育　國語教科書発達史』文化評論出版　1977
注3・5・8・10　『坪内逍遙事典』平凡社　1986
注7　佐々木吉三郎『國語教授撮要』育成会　1902

注9　『坪内逍遙研究資料』第十四集　新樹社　1992
注10・11　稲岡勝「明治検定期の教科書出版と金港堂の経営」『東京都立中央図書館研究紀要第24号』1994
注12　『日本教科書大系近代編第6巻国語（三）』講談社　1964
注15　野口芳子「グリムのメルヒェンの最初の日本語訳『西洋故事神仙叢話』について」『グリム童話研究』大日本図書　1989
注16　坪内逍遙「方今の小、中学の徳育並びに其弊」（明治31年3月）『逍遙選集第六巻』第一書房　1977
注17　金子馬治「倫理教育時代の坪内先生」『逍遙選集第六巻』第一書房　1977
注18　五十嵐力「教育家としての坪内先生」『逍遙選集第六巻』第一書房　1977
注19　坪内雄蔵講述「道徳の要旨」『明治四十一年度講義録』早稲田大学出版部　1908
注20　坪内逍遙「公徳訓」『逍遙選集第六巻』第一書房　1977
注21　坪内逍遙「年少読書家のために」（明治45年3月）『逍遙選集第六巻』第一書房　1977

第4章 ジェンダー教育の試み

1　児童文学とジェンダー

1　ジェンダーとは

　日本のフェミニズム（女性解放思想およびそれに基づく社会運動）は、明治期・大正期の男女平等思想や女性参政権運動などにその端緒を見ることができる。世界的にも、19世紀から20世紀の前半にかけて、参政権などを求める運動が起こった。これがいわゆる第一波フェミニズムである。しかしながら、参政権が得られても、実際は、男女差別や男性中心社会は変革されなかった。そこで、1960年代から70年代にかけて、世界的に女性解放運動が起こり、これを第二波のフェミニズムと呼んでいる。日本においては、1970年代のウーマン・リブ運動がこれにあたる。第二波フェミニズムは、性別役割分担の廃絶などを訴えた運動で、ジェンダーの概念はこの中から生まれたものである。

　ジェンダーを定義するなら「社会的性役割や身体把握など文化によって作られた性差」（『岩波女性学事典』2002）が適確であろう。よりわかりやすいように、以下に上野千鶴子氏の解説を引用する。

　　ジェンダーという非対称な差異化の構造をそのままにしておいて、「違っていても対等」という男女特性論や、「男も主夫になればいい」だの、「女も男を買えばいい」といった項の入れ替え論は、ジェンダーという概念の無理解からくることがはっきりします。ジェンダーからの解放とは、ジェンダーという差異化の廃絶を意味しますが、それは「全員男に似る」ことではありえません。ジェンダーなき社会とは、差異なき社会ではなく、多様な差異が抑圧的な意味づけをともなわずに共存できるあり方のことなのです。（「ジェンダー研究への誘い」『AERAMOOK ジェンダーがわかる』朝日新聞社　2002）

　ジェンダーの概念が生まれる以前、男女それぞれのあるべき姿すなわち性別役割分担は、肉体的性差にもとづく、疑いようのない自然なことと考えられてきた。性差は肉体に備わっているものだから、これから逃れることはできない。そして、そこから男らしさや女らしさなど、社会的性差が導かれる

のだから、それを否定することはできない。そう認識されてきた。

その考えが、「男のくせに」とか「女だてらに」とか、社会の隅々にまで及ぶ性差による抑圧的な構造を作ってきた。特に、女性に対する抑圧は、21世紀の今日でさえ、いまだに大きく改善されたとは言えないのが現状である。

2　ジェンダー意識の形成

なぜ、児童文学でジェンダーが問題とされなければならないのか。それはまさに、ジェンダーが「作られた性差」であって、子どもは読者であることで、それに関与せざるをえないからである。「作られた性差」とは、一度作られて、それが存続しているというものではなく、繰り返し何度も再生産されていくものである。そして、その再生産は人間が行うものであり、個のジェンダーがそのベースになるのである。

人は生まれた瞬間からジェンダーに拘束される。ベビー服からはじまって、遊びや言葉づかいなど、あらゆるところに性別による違いが待っている。もちろん、親の期待や願いにも性別による違いがあるだろう。そのような環境の中で成長する子どもは、自然にもしくは教育されて、自分の性別を認知し、性別による価値観や行動を身につけ（ジェンダーの社会化）、やがて性的指向性が明らかになる（ジェンダー・アイデンティティ）。それは性に関わるさまざまな規範（「男はこうであれ」「女は〜をしてはいけない」といった類の、社会的な通念や慣習、価値観など）が、子どもたちのジェンダー形成を促すからである。そのことに自覚的にならない限り、ジェンダーから解放される日は来ないと言ってもいいだろう。そして、当然、子どもの読み物である児童文学も、子どものジェンダー形成に深く関わっているのである。

3　雑誌と漫画

子どもたちのジェンダー形成に、もっとも強く影響をもっている読み物は、子ども向けの雑誌である。高校生の性差意識に関する調査では、「性差観の強い者では、女性（男性）ファッション誌や若い女性（男性）向け一般誌を読むことが多く、女らしく（男らしく）装ったり、異性に関するステレオタイプな情報を積極的に取り入れている様子がうかがえる」（『性差意識の形成

環境に関する研究』東京女性財団　1996.3）という結果が出ている。2005年の「学校読書調査」では、子どもたちの人気雑誌は次のもので、性別によって選択が分かれている。

　　小学女子　　　『ちゃお』『なかよし』『りぼん』
　　小学男子　　　『月刊コロコロコミック』『週刊少年ジャンプ』『週刊少年サンデー』
　　中学女子　　　『Myojo』『SEVENTEEN』
　　中学男子　　　『週刊少年ジャンプ』『週刊バスケットボール』『週刊ファミ通』

　これらの雑誌は、男女別の購読者に情報を発信するものであるから、ジェンダー化を促進するはたらきがあることは否めない。また、雑誌掲載から単行本まである、読者数の多い漫画も、子どもへの影響力は見逃せない。特に、性的表現の過激さが問題にされる少女漫画は、それが子どもたちの恋愛マニュアルにされているということからも、質を問うていかなければならないものである。しかしながら、雑誌や漫画のすべてに問題があるわけではない。人気漫画「花より男子」については、「恋愛マンガの枠を越えた、人間マンガとも言うべき作品」（『みんなのほんばこ――ジェンダーの視点から見る児童文学』都留文科大学国語教育学ゼミ　2004.3）という評価も見られるのである。

4　作者・読者のジェンダーの自覚

　「児童文学と性」（『児童文学の社会史・思想史』東京書籍　1997.4）の中で、横川寿美子氏は次のように言う。

　　　人々の意識がジェンダーに批判的な方向に向かっているのは確かだとしても、だからといってその意識がすぐさま実際の作品に反映されるとは限らない。ここではむしろ、この「反映されることのむずかしさ」の方を強調しておきたいと思う。

　横川氏の指摘のように、実際の作品に、ジェンダー批判やジェンダーからの解放が反映されることはむずかしいであろう。作者は必ずしも、そのことを目指して文学作品を書くわけではないからだ。そして、読者も、ジェンダ

ー批判を学ぶために文学作品を読むわけではない。しかし、読み手として成長期の子どもたちが想定される場合、作者は書きたいことを好きなように書くというわけにはいかない。ことに児童文学においては、殺人や自殺、傷害や盗みを肯定的に取り上げることがタブーなように、性差別に対しても人種差別と同様、人権問題として自覚的であらねばならない。ジェンダーに無自覚で、人物設定や表現にジェンダーを促進するものがあれば、それは当然、批判されなければならないだろう。これからは、作者も読者も、無自覚であることをやめ、互いにジェンダーの支配から解放されることを求め合うことが必要なのだ。

5　ジェンダー・チェックの視点

　かつて筆者は、「ジェンダーからの解放を目指す教材」として、以下のような4つの視点をあげたことがある。(「国語教材論」『国語教育の再生と創造』教育出版　1996)
①筆者、作者が女性である作品
②女性の登場人物がいて、その人物の描かれ方が類型的でないこと
③男女の関係が類型的でなく、おたがいを認め合って共に生きる者であること
④男女の差別や役割意識の現実に対する批判的な視点に立つものであること

　国語科の教材の要件として示した視点だが、児童文学作品の要件にもなりうるものである。なお、ここでいう「類型的」とは、ジェンダー・ステレオタイプのことで、いわゆる「女らしさ」「男らしさ」のように、性別に関わる規範や期待の枠組みにとらわれているということである。また、ジェンダーの視点から、類型的・固定的観念から解放されているか、それともそれにとらわれたままかということ、つまりジェンダーからの解放の度合いによって児童文学作品を見ると、次のように分類することもできるだろう。
A　ジェンダーの視点から見て、すぐれている作品
　　類型的な「女らしさ」「男らしさ」といった固定観念を打ち破り、ジェンダー・フリーな社会の魅力、また、性別的な拘束のない「自分らしさ」

を描き出した作品
B　ジェンダーの視点から見て、影響力のない作品
　　固定観念をもたない、また、ジェンダーを感じさせない作品
C　ジェンダーの視点から見て、問題のある作品
　　類型的な「女らしさ」「男らしさ」や、性別役割分業といった固定観念をもち合わせている作品　　　　　　　　（前掲『みんなのほんばこ』）

6　女性作家の変遷

　ジェンダーを克服しているかどうかを見ようとする時、前掲の視点のうちで、もっとも判別しやすいのは、単純にセクシュアリティを基準にした「①筆者、作者が女性である作品」である。児童文学には、「お母さん童話」「母性童話」という呼称のジャンルがあるにも関わらず、これまで女性の作家は多くはなかった。たとえば、『作品による日本児童文学史』（牧書店1968.12）で取り上げている女性作家は、吉屋信子（明治・大正期）、壺井栄（昭和前期）、北畠八穂、石井桃子、松谷みよ子、北川千代（昭和後期）にすぎない。しかし、1960年代以降になると、その数は増え、住井すゑ、いぬいとみこ、神沢利子、早船ちよ、中川李枝子、香山美子、岡野薫子、乙骨淑子、あまんきみこ、安房直子、宮川ひろ、柏葉幸子、生源寺美子、岩崎京子、角野栄子などの活躍が見られるようになる。また、最近では、あさのあつこ、湯本香樹美、荻原規子、上橋菜穂子などの作品に人気が集まっている。
　「筆者・作者が女性である」ことを問題にするのは、数の上での男女のバランスを求めることによる。文学作品はそれ自体がすべてであるという見地に立てば、作者の男女比は、それほど重要な意味をもつものではない。しかしながら、女性の社会進出を進めてきたからこそ、創作や表現活動への女性の参加が充実してきたのである。そういう変化の中で、「お母さん」とか「母性」とかでくくられない作品が数多く生まれ、児童文学の可能性を広げることに貢献してきたと言えるのではないだろうか。

7　魅力的な人間像

　では、前掲「ジェンダー・チェック視点」の②③④およびAに分類される

作品、すなわち、積極的にジェンダーを批判し、そこからの解放を促す作品にはどのようなものがあるだろうか。よく取り上げられる作品に、ダイアナ・コールス「アリーテ姫の冒険」（学陽書房　1992）、アン・アイザックス「せかいいち大きな女の子のものがたり」（富山房　1996）がある。前者のあとがきには、「ヒロインのお姫様は自らの手で問題を解決して幸福を獲得することはほとんどありません。〈男女差別のかくれたカリキュラム〉といえるものがほとんどです。この『The Clever Princess』を読んだとき、やっと自分の力で問題を解決していける女の子が主人公の物語をみつけた、とほっとする気持ちでした」とある。また、後者のまえがきには、「ゆうかんな男の子や力もちの男の子、ちえのある男の子のはなしは、これまでにたくさんかたりつがれ、えがかれてもきました。けれどもこれは、ゆうかんで力もちでちえのある大きな女の子のおはなしです」とある。どちらも、ジェンダー・ステレオタイプを超えた、自分の力で幸福を獲得する力強く魅力的な女子像である。読者に意識変革を迫らずにはおかないだろう。

　また、これらの作品のように、積極的にジェンダー批判を打ち出した作品でなくても、ジェンダーを超えている女子像を見ることのできる作品がある。たとえば、山中恒「赤毛のポチ」は、カッコという大人社会に立ち向かっていく行動する女子を描き出した名作であり、壺井栄や杉みき子の描く女子像には、社会的に自立する姿を見ることができる。

　その他、ジェンダーにとらわれない女子像を描いたものとして、次のような作品（小学校国語教科書教材）がある。

　　あまんきみこ「名前を見てちょうだい」……追求する女子像
　　松谷みよ子「やまんばのにしき」　　　……人間愛を示す女子像
　　ルシール・クリフトン「三つのお願い」……友情を育む女子像
　　岡田淳「消しゴムころりん」　　　　　……逸脱する女子像
　　サリー・ウイットマン「とっときのとっかえっこ」
　　　　　　　　　　　　　　　　　　　……異質性を受けとめる女子像

（牛山恵「小学校国語教材とジェンダー」『都留文科大学研究紀要第61集』2004）

　今後、「ジェンダーなき社会」の構築を進めるには、上野千鶴子氏の言う

「多様な差異が抑圧的な意味づけをともなわずに共存できるあり方」を実践し続けなければならない。児童文学は、その指標となる生き方を示すことを自らに課すべきである。たとえば外国の作品では、キルステン・ボイエ「パパは専業主夫」やアリス・ミード「ソルジャー・マム」、エルフィー・ドネリ「女の子はサンタクロースになれないの？」、カニグズバーグ「Tバック戦争」などに、また、日本の作品では、東野圭吾「サンタのおばさん」、宮崎駿「風の谷のナウシカ」、上橋菜穂子「精霊の守人」シリーズなどに、その可能性をみることができるのではないだろうか。

[資料]

ジェンダーの視点からみてすぐれていると判断される児童文学作品

書名／作者／発行所	あらすじ・コメント
「いいこって どんなこ？」 作者：ジーン・モデシット 発行：冨山房	うさぎのバニーぼうやと母親のほのぼのした会話の中に親子の愛情があふれている。 ＊ジェンダー・フリーの基盤である「自分自身を認める」ことを肯定し、強調している。
「おんなのこってなあに？おとこのこってなあに？」 作者：ステファニー・ワックスマン 発行：福音館書店	女子と男子の違いは、身体的なものだけであって、その他のものに左右されることはないということが写真を通して表現されている。 ＊性教育のための本だが、ジェンダー・バイアスを持たないよう配慮されている。
「さっちゃんのまほうのて」 作者：田端精一 　　　先天性四肢障害児父母の会 発行：偕成社	先天性四肢障害の幼稚園児さっちゃんは障害があることで母親になれないと悩むが、「まほうのて」と言われて元気を取り戻す。 ＊違いを認め合うことを強調している点で、ジェンダーと関連する。
「さくらひめの大しごと」 作者：古田足日 発行：童心社	手のひらに乗るほど小さな神様であるさくらひめは、母の死をきっかけに旅に出る。 ＊魅力的な個性を持ったさくらひめが、さまざまな困難を解決していく。
「おとうさんのおおきなポケット」 作者：相馬匡 発行：和歌山県女性センターりぃぶる	ワラビーの子どもは母親のおなかの袋で育つが、父親には袋がないため、父親はポケットのついたエプロンを身につける。 ＊家事や子育ては女性がするものだというジェンダーを積極的に打ち破る作品。

書名／作者／発行所	あらすじ・コメント
「おばあちゃんすごい！」 作者：中川ひろたか 発行：童心社	幼稚園に子どもを探しに来たおばあちゃんは園長先生の母親だった。園長先生は子どもの時にスカートを作ってもらってはいていたという。 ＊おばあちゃんは子どもの遊びは何でもできる。園長先生もスカートは女子という固定観念を持っていない。
「らいおんのよいいちにち」 作者：あべ弘士 発行：佼成出版社	ライオンの父親が子どもを散歩させていると他の動物たちに感心される。しかし、お父さんはそのことを「普通」と考えている。 ＊社会の偏見にとらわれずに、自分の心に従って生きることがジェンダーを乗り超える鍵になる。
「ウソつきなチルル姫」 作者：星色スプーン 発行：郁朋社	チルル姫は何を言われても「ハイ」と答えるようにしつけられていた。しかし、王子様と結婚することについては悩むのである。 ＊チルル姫は教育にもかかわらず、自分自身の価値観をもった人物像として描かれている。
「おかあさんはしごとちゅう」 作者：沼野正子 発行：福音館書店	むっちゃんの母親は絵本作家。保育園の母たちを訪ねて「おかあさんはしごとちゅう」という絵本を作ることになった。 ＊さまざまな職種で働く母親像を描き出し、主婦像を越えている。
「おはなのすきなおおかみくん」 作者：マリー・オディール・ジュード 発行：講談社	花屋になりたいおおかみに、狩人になってほしい父親おおかみは困っている。あの手この手で説得しようとする。 ＊心優しい男子像はジェンダーからの脱却を意識している。
「化石をみつけた少女　メアリー・アニング物語」 作者キャサリン・ブライトン 発行：評論社	イギリスの少女メアリーは学校にも行けない貧しさであったが、化石を発見し、化石の専門家となった。 ＊母を励まし、前向きに行動する女子像が描かれている。
「紙ぶくろの王女さま」 作者：ロバート・マンチ 発行：カワイ出版	城に住むエリザベス王女は、焼けてしまった服のかわりに紙袋を着て、ドラゴンにさらわれた婚約者の王子を助けに行く。 ＊たくましく戦い、女らしさを求める王子と決別する王女は、ジェンダーを超える女子像である。
「クワッペのオンナってヤだ！」 作者：犬丸りん 発行：ＰＨＰ研究所	元気なクワガタ虫のクワッペは、女の子らしくないことで悩んでいるが、友達の「そのままでいい」という言葉で、自分らしさを大事にしようと思う。 ＊ジェンダーに悩む姿とそれを超えていく姿が描かれている。

書名／作者／発行所	あらすじ・コメント
「ざわざわ森のがんこちゃん あたらしいおともだち」 作者：末吉暁子 発行：講談社	恐竜のがんこちゃん力があって元気な女の子である。友達を助けるために活躍する。 ＊がんこちゃんもその母親も、大胆で力があるたくましい女性として描かれている。
「サンタのおばさん」 作者：東野圭吾 発行：文藝春秋	引退するサンタの会長のかわりに現れたのは女性。規則も前例もないため、仲間として認めるか議論になる。 ＊父性・母性が男性・女性に限られたものではないことを強調している。
「ジャムおじゃま」 作者：マーガレット・マーヒー 発行：徳間書店	仕事に出る母親に代わって父親が家事を担当し、ジャム作りに夢中になる。 ＊家庭で性別にかかわらず、役割が分担される姿が描かれている。
「せかいいち大きな女の子のものがたり」 作者：アン・アイザックス 発行：冨山房	アンジェリカは世界一大きな女の子である。男たちがだれもかなわなかった巨大な熊と格闘の末、アンジェリカが勝利した。 ＊勇敢で力持ちで知恵があって大きな、一般的な女子像を打ち破る主人公が描かれている。
「世界中のひまわり姫へ」 作者：小笠原みどり 発行：ポプラ社	ひまわり姫は女の子だからという理由で差別されない。それでもジェンダー・バイアスがまったくないわけではない。それを乗り超えようとする姿が描かれている。 ＊ジェンダー・バイアスとは何か、どうやって乗り超えるのかが強調されている。
「ドングリ山のやまんばあさん」 作者：富安陽子 発行：理論社	体力も運動能力も人並みはずれたやまんばあさんはカラスの子どもを子守するが、留守中にアオダイショウに食べられてしまう。そこで、やまんばあさんはアオダイショウをつかまえる。 ＊自然の中でジェンダー・バイアスから切り離されて生き生きと生きる女性の姿が描かれる。
「はなのすきなうし」 作者：マンロー・リーフ 発行：岩波書店	花の好きなフェルジナンドは、闘牛場に連れ出されるが、花を見つけると座り込んでしまう。 ＊雄牛の勇猛なイメージとは違う姿が描かれる。固定的な役割ではなく、個性を尊重することが強調されている。
「パパのカノジョは」 作者：ジャニス・レヴィ 発行：岩崎書店	父親の新しいカノジョについて、娘の立場からその魅力を語るもの。母親像とはかけ離れた存在だが、人間的魅力に満ちている。 ＊偏見を超えて人間としての女性の魅力に目覚めていく。

書名／作者／発行所	あらすじ・コメント
「パパはすてきな男のおばさん」 作者：石井睦美 発行：草土文化	マリの家庭は、母が外で仕事を、父が家事をしている。学校の授業で、そのことに疑問を感じるが、答えは出ない。 ＊性別役割分業に縛られない生き方が、学校教育の中で一般化していないことが指摘されている。
「ふわふわしっぽと小さな金のくつ」 作者：マージョリー・フラック 発行：PARCO出版	ふわふわしっぽは子だくさんのうさぎだが、子どもたちに家事を教えこんだ。育児、家事をこなしながら夢を実現する。 ＊育児、家事をしながら、女性の自己実現をはたす姿が描かれている。
「ますだくんのランドセル」 作者：武田美穂 発行：ポプラ社	お姉さんが小学校を卒業する時に赤いランドセルをもらったけんいち。赤いランドセルで学校へ行くけんいちの前に、青いランドセルのみほちゃんが現れる。 ＊色にまつわるジェンダー・バイアスを超えようとする。
「アリーテ姫の冒険」 作者：ダイアナ・コールス 発行：学陽書房	活発で賢いアリーテ姫は、ボックスの陰謀で結婚させられてしまう。命を狙われるが、知恵と勇気で、難問を解決する。 ＊柔軟な思考で、困難を乗り越えていく魅力的な女子像が描かれる。
「男の子の条件」 作者：鶴見正夫 発行：ひさかたチャイルド	強の周りはジェンダー・バイアスに満ちている。母親からは男の子の条件を突きつけられる。ある出来事を通して、強は性別に関わらず、人間としての条件に目覚める。 ＊ジェンダー・フリーの基盤である性別を超えた人間性の重要さが強調される。
「女の子はサンタクロースになれないの？」 作者：エルフィー・ドネリ 発行：国土社	サンタになりたい女の子となりたくない男の子、サンタは男という決まりに逆らって、クリスマス・イブにいれかわることにした。 ＊ジェンダー・バイアスは女性のみならず男性の可能性も狭めるということを強調している。
「さらわれた王子さまと庭師の娘」 作者：ゲルハルト・ホルツ・バウマート 発行：講談社	さらわれた王子を救い出すために体を鍛えた庭師の娘は、遂に王子を救い出すことに成功する。ところが王子の言動に失望して去っていく。 ＊すぐれた体力と知力を身に付けた女子が、ジェンダーを超えて活躍する。
「ズボンとスカート」 作者：松本敏子 発行：福音館書店	ズボンは男性、スカートは女性という常識を世界の風俗を調べることで否定している。 ＊服装は国によってさまざまでジェンダーに縛られるものではないと強調している。

書名／作者／発行所	あらすじ・コメント
「長くつしたのピッピ」 作者：リンドグレーン 発行：ポプラ社	元気で強くて賢い女の子のピッピは、馬と猿と共に自由に暮らしている。楽々と困難を乗り超え、魅力的な女子として描かれている。 ＊活動的で自由な女子像は、ジェンダー・バイアスを越える存在として描かれている。
「ふつうのおひめさま」 作者：東春見 発行：徳間書店	普通の少女に育ったエイミー姫は自分を結婚させる計画を知って、他の国の台所で働き出す。 ＊姫という立場にかかわらず、自立しようとする女子像を描き出す。
「まぼろし城のがんこひめ」 作者：岩崎京子 発行：PHP研究所	おとなしく引っ込み思案なゆりひめと積極的で頑固なまりひめが人質の千寿丸と出会う。 ＊まりひめの運命を切り開いていく行動力が人間的魅力として描かれる。
「ワンピース戦争」 作者：丘修三 発行：童心社	ゲンちゃんという男子がワンピースを着て登校する。男子、女子共に服装をいれかえて登校することにしようとしたが先生から止められる。 ＊男女の服装の決まりに疑問をもつことで、ジェンダーを越えようとする姿が描き出される。
「Tバック戦争」 作者：E・Lカニグズバーグ 発行：岩波書店	クロエはバーナデッドの職場である移動食堂を手伝うことになる。Tバックを取り入れて売り上げを上げることに疑問をもつバーナデッド。バーナデッドに影響されながらクロエは成長する。 ＊自分らしくあることがジェンダー・フリーだと強調する。
「西の魔女が死んだ」 作者：梨木香歩 発行：小学館	不登校になった舞は、祖母の家で過ごすことになる。不思議な力をもつ祖母のもとで魔女修行を始めたまいは次第に癒されていく。 ＊自立して生き生きと生活する年老いた女性像を描き出している。
「パパは専業主夫」 作者：キルステン・ボイエ 発行：広済堂	ネールの母親が会社に出るのに代わって、父親が家事につくことになる。家庭内はさまざまな問題を抱えるようになる。 ＊性別役割分担を越えることの困難と可能性が描かれている。
「ハンサム・ガール」 作者：佐藤多佳子 発行：理論社	双葉の父親は専業主夫で、母親は単身赴任。双葉は少年野球のチームに入るが、うまくいかない。野球を続けて女子にも男子にも好かれるようになろうと決心する。 ＊両親のジェンダー・バイアスを超えた姿と共に、主人公の自分自身の希望を叶える姿を描き出す。

書名／作者／発行所	あらすじ・コメント
「ヒーローなんてぶっとばせ」 作者：ジェリー・スピネッリ 発行：偕成社	ジョンはフットボール選手を目指し、ジョンがからかうペンはチアリーダー部に入る。さまざまな出来事を通して、二人の関係は変化する。 ＊ジェンダー・バイアスを乗り超えて希望を叶えるペンの姿に触れて成長する男子像が描かれる。
「ジェンダーフリーってなあに　全3巻」 作者：草谷桂子 発行：大月書店	1巻　プレゼントはたからもの 2巻　おきゃくさんはいませんか 3巻　ぼくはよわむし？ ＊ジェンダーに真正面から取り組んだ書物。
「ジェンダー・フリーの絵本　全6巻」 作者：草谷桂子 発行：大月書店	1巻　こんなのへんかな 2巻　いきるのってすてき 3巻　働くってたのしい 4巻　女と男これまで、これから 5巻　いろんな国、いろんな生き方 6巻　学びのガイド ＊ジェンダーに真正面から取り組んだ書物。
「男がなにさ　男と女」 NHK中学生日記・21 作者：蓬莱泰三 発行：ポプラ社	わたしのおんならしさ 男がなにさ チューバを吹く少年 ＊ジェンダーを超えて自分らしさを模索する姿が描き出される。
「Star girl」 作者：ジェリー・スピネッリ 発行：理論社	スターガールと呼ばれる女子の個性的な生き方に、ジェンダーを超えた姿がみられる。 ＊自分の個性を尊重して生きることの困難さと、素のことのすばらしさとが描かれる。
「ソルジャー・マム」 作者：アリス・ミード 発行：さ・え・ら書房	主人公は、職業軍人の母親が戦地に赴任したため、母親の友人のジェイクと暮らしはじめる。生活の困難を乗り超えながら、信頼関係を築いていく。 ＊シングル・マザーで職業軍人で、母親でもあり、恋人も持っている母親の生き方に、自立した女子像を見ることができる。
「ちょっとへんじゃない？」 作者：青木やよひ 発行：小峰書店	女らしさ、男らしさの問題をはじめ、ジェンダーに関わる疑問を取り上げている。わかりやすい説明で、ジェンダーについて解説している。 ＊ジェンダーについて知るための良書である。

② 伝記で学ぶジェンダー
  　―女性が戦場に向かうということを考える―

　江戸末から昭和の初めまでの日本の近代を、力強く生き、女性の生き方を開拓した1人の女性がいた。新島八重（1828～1932）である。彼女の生き方に学ぶことは多い。ここでは、彼女の前半生である会津時代を取り上げ、その生き方を考察してみよう。

1　新島八重の戦い

　伝記でジェンダーを学ぶことができるように、本稿では、新島八重を主人公とした児童向けの書籍を2冊選択した。1冊は漫画本（漫画・柊ゆたかシナリオ・三上修平『学習漫画　新島八重』集英社）で、本の帯には「日本を元気にしたハンサム・ウーマン」とある。

　他の1冊は伝記本（藤本ひとみ著『新島八重物語―幕末・維新の銃妃―』講談社青い鳥文庫）で、その帯には「戊辰戦争で、自ら銃や大砲を放った会津の銃妃」とある。

　新島八重の生涯は、2013年度のNHKの大河ドラマで取り上げられた。その時代的な制約の中でも、自分を貫いて生きようとする姿は、21世紀の今日においても、女性の生き方の指標になるものとして広く注目された。

　まず、新島八重の生涯を年譜で見てみよう。

新島八重の略年譜

1845	会津（現在の福島県会津若松市）で砲術家の武士の家に生まれる。10歳の頃より兄の覚馬から砲術指南を受ける。
1865	川﨑尚之助と結婚。
1868	鳥羽・伏見の戦い。弟の三郎は戦死。会津藩は鶴ヶ城で籠城戦が行う。この時八重は銃を片手に新政府軍と戦う。父、戦死。会津藩降伏。鶴ヶ城開城。
1871	母、姪と共に覚馬を頼って京都に移住。

```
1872  女紅場寮母となる。
1876  洗礼を受け、新島襄と結婚。
1877  同志社分校女紅場（同志社女学校）の教員となる。
1890  新島襄逝去。八重、日本赤十字社社員となる。
1895  日清戦争中、篤志看護婦となる。
1905  日露戦争中、篤志看護婦となる。
1932  急性胆のう炎のため自宅で永眠。
```

　八重の人生は会津と京都とではずいぶん変化している。会津では、当時としては考えられないことであったが、砲術の技術をもつ八重は、男の藩士に混じって、大砲を撃ち、銃を撃って、敵と戦った。女性の戦士であった。

　敗戦後、兄の覚馬が京都にいることを知り、兄を頼って京都へ向かう。明治という新しい時代の中で、もはや戦場に立つことはなかったが、八重は当時の女性の生き方の枠を超えて生きた。京都で、八重は、女性であっても学問することの大切さを知り、学問に励んだ。英語を学び、洗礼を受け、新島襄と結婚して、襄と共に同志社を設立し、八重は自分の力を存分に発揮して生きたのである。

　会津戦で、八重は新政府軍と戦った。男性に混じって、男性をリードして戦ったのである。次に『新島八重物語—幕末・維新の銃姫—』の「銃姫の誕生」の章から、彼女の戦う姿を描いた一節を要約して紹介する。

　八重は兄の手ほどきで銃の扱い方を身につけていた。いよいよ会津戦争が始まり、新政府軍が会津を攻めるために、会津城に迫ってきていた。城には女や子どもが避難してきているが、防御の人数も武器も、まったく不足していた。次に紹介するのは、そんな場面である。状況を見ていた八重が立ち上がった。

銃姫の誕生
　「おまえが大砲を撃つのか」と武士の平馬に問われた八重は、「大砲も銃も撃ちます」とこたえ、部下が欲しいと要求した。その、女が男を部下にして大砲や銃を撃つという、かつて聞いたこともない申し出にあ然とし

た平馬であったが、「藩士をつけてやる。やってみるがいい」と言い、八重の申し出を受け入れた。

　肩にスペンサー銃をかついだ八重が、藩士たちに指示をして、大砲を備えつけた。

　八重は手際よく弾をこめ、ねらいを定めて、大砲を撃った。すると、たくさんいた敵兵たちがひとり残らずふっとんでいた。

　「いやぁ、おみごと」平馬がうれしそうに叫び、「これからおまえを、銃妃と呼ぼう」と言った。

　八重は、手を休めることなく、大砲を一発撃つとそのあとはスペンサー銃で敵を撃ち、また大砲を撃つという働きぶりで、大活躍であった。

　八重の活躍はあったが、結局、城は陥落し、八重たちは米沢へと落ちのびていった。

2　新島八重はジェンダーを超えた存在か

　少女の頃から銃の撃ち方を習うということは、江戸時代においては異例中の異例である。それを可能にしたのが、兄覚馬の存在である。覚馬は江戸で新しい時代の到来を感じ取り、会津を改革しようと考えていた。覚馬は家族に、

　「家族の皆にも、ぜひ協力してもらいたいのです。なにしろ会津藩は、格式が高い。その分、頭の固い人間が多く、新しいことはなかなか受け入れられません。家族が一丸とならなければ、とてもやりとげられないのです」

と言う。それに対して八重は、

　「では私も、鉄砲を作ったり、撃ったりするのですか」

　「私は女ですが、そんなことをしてもいいのですか」

と問う。覚馬は、

　「兄を助けることは、いいことなのだ。鉄砲ばかりではないぞ。大砲を撃ったりもするのだ。そのためには、蘭学や数学を学ばなければならない。やってくれるか」

と言って、八重を励ますのである。

こうして八重は、兄や家族の理解のもとに、女性に開かれてはいなかった学問や砲術を学ぶことになる。

　ここまでは、当時の常識を破った、特異な女性の誕生を語るものである。八重は、確かに現在よりもはるかに強いジェンダーのバイアスを超えて、男性と同じように学び戦う存在となったのだ。しかし、その結果、なにが起こったのか。

3　女性が戦場に立つということ

　鉄砲や大砲を撃つ技術を身につけた八重は、会津藩のために戦闘に加わることを選んだ。男性と同様に、会津を守るという大義が、八重にはあった。会津を守るためにできることをする。八重にとっては、それが銃を取ることであり、大砲を撃つことであったのだ。

　当時の戦争で、女性がまったく無力であったかというと、そうではない。戦士のための食料の用意は女性の仕事であったろうし、また、傷病兵の手当においても女性が活躍したに違いない。それが女性の戦闘の仕方であった。後方支援である。

　しかし、八重は前線に立ち、自ら銃を取り、大砲を撃って、敵を倒した。殺される危険と背中合わせの、殺戮の行為である。女性兵士であったと言ってもよい。まさに女性のあるべき姿を逸脱した存在であった。しかし、ここで疑問が生じる。それは、女性が戦場に立つなら、それはジェンダーを超えた行為と言っていいかということである。男性に混じって、男性以上に戦闘する女性、このような女性はジェンダーを超えた存在として肯定していいのであろうか。

　女性が男性と平等になるということは、同じ権利を主張するということは、義務においても男性と同じものを背負わなければならないということだろう。では、比較的安全な後方支援につきながら、同等の権利を主張することができるのだろうか。

　今日、世界的に見るなら、銃をもって戦場に立つ女性が増えつつある。そのような時代状況を視野に入れる時、女性が戦場に向かうということは、ジェンダーの問題からはずせないところにきているのではないだろうか。

その視点から見ると、江戸から昭和を生き、かつて女性兵士だった八重は、決して過去の人ではなく、今日的問題を突きつけてくるのだ。
　現代の世界にはいくつもの戦場がある。女性兵士がいる。日本には、軍隊ではないが女性の自衛官がいる。みな、男性と同等に義務を負っている。この現実をどうとらえたらいいだろう。
　母と女性教職員の会というのがある。子どもを、教え子を、戦場に送るなというスローガンのもとに、平和運動を行っている。平和を希求し、暴力を否定する。しかし、教え子や子どもを守るために、暴力を否定しきれなくなった時、八重のように銃を取る覚悟はあるのだろうか。あるいは、あくまで暴力を否定し、無抵抗姿勢でいくのだろうか。
　このように考えると、戦場を生きる八重は、私たちに容易には解決のつかない難問を突きつけてくる。
　最後に、この問題を考える上で参考になるはずの、アリス・ミード『ソルジャー・マム』（さ・え・ら書房）の一節を読んでみよう。
　（『ソルジャー・マム』は、ジャスという、アメリカに住む11歳の少女が主人公の物語である。ジャスにはアンドリューという生後10ヶ月の弟がいる。母親との3人暮らしで、母親のボーイフレンドのジェークが頻繁に家を訪れる。母親は陸軍の軍曹である。その母親が軍の命令でサウジへ行かなければならないことになった。）

> 「作者まえがき」から（一部引用）
> 　戦争はいつも家族生活を破壊しますが、今回は女性兵士とその子どもたちにとくに大きな影響をあたえました。約三万七千人の女性兵士が「砂漠の嵐作戦」に送られ、そのうち一万六千三百人が母子家庭、千二百名が軍人同士の結婚で子どものいる女性でした。初めのころの招集は、本書のようにきわめて不十分な通知だけで、子どもたちは長期の母親不在に対してなんら適切な処置なしに置き去りにされました。

　このまえがきからもわかるように、『ソルジャー・マム』は事実にもとづいて書かれた作品であり、ジャスやアンドリューという子どもたちが、現実に、たくさんいたのである。母親の招集を知ったジャスの動揺は、次のように語られている。

「母さん、母さんは戦争に行くの？」

「いいえ、ちがうわ。私は戦闘兵じゃない。わたしは補給部隊にいるのよ。」母さんがいった。手を引いて、わたしをいっしょのソファに座らせた。

「軍隊はたくさんの、おどろくほどたくさんの物資を必要としているの。わたしはその輸送の手配をしなきゃならないのよ。」母さんがわたしをだきしめたが、わたしはからだをこわばらせて拒んだ。わたしは苦い思いで考えた。なぜ、母さんは戦場へ行くの？わたしとアンドリューを愛していたら戦場へなど行かないはずだ。戦争は母さんを殺すことだってある。そして、ぎゃくに母さんがだれかを殺さなければならないとしたら？

考えるのをとめられなかった。わたしは自分の部屋にかけこむとドアをバタンとしめた。まくらを顔に押しあててすすり泣いた。母さんをにくんだ。心からにくんだ。

　職業選択の自由は、女性兵士の登場を容易にした。女性兵士は母親兵士の場合もある。『ソルジャー・マム』のような状況は、今日では特殊なことではないのだ。この場合、母親が職業として兵士を選んだことにさかのぼって、自己責任として片づけるような単純な問題解決は意味のないことだ。

　女性も男性も、だれも喜んで戦場に向かうことはないだろう。そうせざるを得ない状況によって、死と隣り合わせの戦場に向かうのだ。

　ソルジャー・マムは、生活のために軍人になり、招集を拒否することはできなかった。戦場は、女性にとっても、そこに生きざるをえない現実としてあらわれてきたのである。

　八重の場合もまさにそうであった。銃を撃ち、大砲を撃ち、敵を殺すことしか生きる道はなかった。それが、八重を自立させた。もちろん、幼少からの家庭環境、特に男女の差別をしなかった兄覚馬との関係も、八重の、男性に並ぶような行動の資質を培うことになったであろう。しかし、当時の女性としての枠組みを超えて、彼女が銃を取ったのは、そうせざるをえなかったからだ。そうせざるをえない状況とのたたかいが、八重を1人の人間として自立させ、女の枠組みを超えて、彼女を戦う「銃姫」としたのであった。

　なお、付言するなら、ソルジャー・マムの場合はどうだろうか。もちろん、

彼女も八重と同様、兵士として、いわゆるジェンダーを超えた生き方をしている。しかし、はたしてソルジャー・マムの生き方を八重と同じだと見ていいのだろうか。

女性が自立し、男性と平等であることを主張し、雇用の機会均等を要求し、ジェンダー・バイアスをほどいていく先に立ちはだかる難問の1つがここにある。

新島八重は、時代の先駆者として、女性の生き方の多面的姿を示してくれる。その人生を児童に伝え、人間のあり方について考えさせたい人物である。ぜひ、伝記を手に取らせたいと考える。

③ ジェンダーの視点で読む文学教材―覚え書き集―

1　ジェンダーの視点から「一つの花」を読む

　今西祐行「一つの花」は、平成22年検定済み教科書では、東京書籍『新しい国語　4年上』と教育出版『ひろがる言葉　4年上』に収載されている。この教材はこれまで反戦平和教材として位置づけられてきた。その位置づけに関しては、黒古一夫氏の批判（「『一つの花』試論―反戦平和童話の可能性」『文学の力×教材の力　小学校編4年』教育出版　2001）や鈴木敏子氏の批判（「『一つの花』と『一つのおにぎり』は等価か―『一つの花』の抒情批判―」『日本文学』1980）があって、それらは教材を論じる上では看過できない先行研究である。しかし、今回はジェンダーの視点にしぼって、「一つの花」の教材性について検討することにする。

（1）　語り手の性別役割観1―描かれない母親

　この作品に登場するのは、ゆみ子という子どもと「お母さん」「お父さん」である。「お母さん」「お父さん」には名前もないし年齢もわからない。人物像としての属性の情報はないのである。あるのは性別と母であり父であるという立場と、彼らの語る言葉と彼らの行動である。そこからどのようなことが明らかになるだろうか。

　ゆみ子の「お母さん」は、ゆみ子に対して「一つだけ…」と言うのが口癖になっている。そう言いながら、自分の食べ物をゆみ子に分け与えている。また「なんてかわいそうな子でしょうね。一つだけ頂戴と言えば、何でももらえると思ってるのね」と、幼いわが子の覚えた口まね「一つだけちょうだい」という言葉を不憫に思っている。せつない母親の愛情が滲み出ている。「お父さん」を見送る場面では、おそらくは入隊する夫のために用意したと思われるおにぎりも、せがまれるままにゆみ子に与えている。子どもをいつくしみ愛情深く育てている母親像が浮かび上がってくる。良妻であるかどうかは判断しかねるが、また賢母であるかどうかも不明だが、愛情深い慈母であることはまちがいない。

　坂元喜代子氏は「抑制された母親の描写の中に、母親から子へとうけわた

すものが確かにある。それは、〈そのまま変わらない穏やかな安心の時間〉だ」(ことばと教育の会レジュメ　2012.1)と述べる。坂元氏の言葉のように、この教材の中の母親は母親としての愛情において理想的に描かれている。そういう意味では、母親像の典型の１つであると言ってもいい。その典型を否定すべきものではないが、ここには母親の１人の人間としての苦悩や不安や矛盾を描かないことで典型化しているという問題がある。母親は母親ではあるが、ほかの何者でもなくなってしまう。本来、母親も女であり人間である。その人間的揺らぎをあえて語らない語り手は、この作品では母親のあるべき姿を描き出したかったのだと言うほかないのである。

　語り手の母親観を象徴するのが、作品のクライマックスである。「お父さん」がゆみ子にコスモスを渡す場面に母親の姿はない。「お父さん」とゆみ子の世界に母親は参加していないのである。１輪のコスモスを神聖なもののようにわが子に手渡す父親とそれを受けとって喜ぶゆみ子の世界は、だれも犯すことのできない父と娘の完結した世界として描かれる。そこにいるはずの母親についてはなにも語られず、父と娘の世界を見守る者として描かれる。母親とはそういうものであるという暗黙の了解があるかのように、語り手は、去りゆく父と残される娘と、父の思いを象徴する１輪のコスモスだけを、１枚の絵画のように描き出す。ここに、語り手の、母親とは大事な場面に参加しないで見守る役目に徹するという性別役割観を見ることができる。

　(2)　語り手の性別役割観２—働く母親

　父親が入隊してから10年がたち、戦後の生活が語られる。「ミシンの音が、たえず、速くなったりおそくなったり」という表現から、それが生計を支える母親の仕事になっていると推察される。母親は家で洋裁の仕事でもしているのであろうか。母親と「家」とは、現在では切り離して考えるものになっている。しかし、当時は、そして語り手にとっては、母親と「家」は不可分のものであったのではないか。あえて、外に出て働く姿を描かないことに、筆者は語り手の、どこまでも変わらない母親像への執着を感じる。村上呂里氏が述べているように「夫亡き後も一人の女性として〈戦後〉を生きることを許されず、「お母さん」としてのみ生きなければならなかったであろう女性の物語」であり、また「戦死した「夫」や「父」の呪縛から解き放たれる

ことなく、自分としての"生"と"声"を抑えて生きざるをえなかった〈戦後〉の無数の女性の物語が連綿とかさなっているといえるでしょう」(「娘が読む「父親の物語」—今西祐行『一つの花』」『文学の力×教材の力　小学校編４年』教育出版　2001) という指摘に賛同する。「お昼を作る」のは「小さなお母さん」でなくてもいいのであって、少女のゆみ子を「小さなお母さん」に見立てるところに、語り手の母親へのこだわりがみられる。「一つの花」は、反戦平和教材であるが、性別役割観に支えられた母親像を描き出すことを本分とした、母親の物語とも読めるのである。

(3) 文学作品を読むジェンダーの視点

　ジェンダーの視点から教材について検討していく時、筆者が先に掲げた４点を教材化の視点としての基盤とする。その４点とは以下である（195ページ参照）。

①筆者、作者が女性である作品（略）
②女性の登場人物がいて、その人物の描かれ方が類型的でないこと（略）
③男女の関係が類型的でなく、おたがいを認め合って共に生きる者であること（略）
④男女の差別や役割意識の現実に対する批判的な視点に立つものであること（略）

　この４点の視点から「一つの花」を見る。①は該当しない。②は女性の登場人物として、ゆみ子という子どもと母親が登場する。女性として類型的とはいえないが、母親像へのこだわりが強い。③については、母親と父親という男女関係が描かれている。両者の関係は、父親・母親という役割の枠を超えることはできていない。本教材を検討する上で、もっとも重要な視点は④である。なぜなら、登場人物は時代状況の中で描かれるから、今日的な制度や思想から判断された場合、多くの問題が指摘されることになるからである。たとえば、現在は当然のことである男女平等も戦後のことである。教材中に男女の不平等が描かれていても、それは時代状況の中での現実なのである。しかし、その現実について、語り手がどのように批判的な言説を展開しているかが問われなければならない。

　「一つの花」は、ジェンダーという視点から見た時、母親の描き方にあらわれているように、母親という性別役割に徹し、その枠を超えてはいない。しかし、その枠の中で子を思って生きる母親の姿はリアルに描き出されている。

2　ジェンダーの視点から「海の命」を読む

　立松和平「海の命」は、光村図書6年の教材である。太一という少年が成長して漁師になる物語だが、「海の命」を大事にして、漁と海の資源の保護を両立させる姿が描かれている。

　「父もその父も、その先ずっと顔も知らない父親たちがすんでいた海に、太一もまた住んでいた」で始まる物語は、これが父と息子でつながる父系の物語であることを予想させる。

　太一にとって、おそらく父親は理想の大人だったにちがいない。「二メートルもある大物をしとめても、父はじまんすることもなく」また「不漁の日が十日間続いても、父は少しも変わらなかった」姿に、大人の男のすがすがしいあり方を見ていたのだろう。太一の「おとうといっしょに海に出るんだ」という言葉は、自分の将来を父親に重ねていたことを語るものだった。

　太一にとって理想であった父は、海で、「瀬の主」と呼ばれる巨大なクエとの戦いの果てに死んだ。勇ましく潔い戦死である。ある意味で、男の死に様の理想であろう。父の死をどのように受けとめたのか、太一のことは語られない。夫の死をどう受けとめたのか、母親のことも語られない。

　しかし、太一は父親の死によって「海に出る」という夢をあきらめたわけではなかった。父のかわりに与吉じいさを師とすることを決め、「父が死んだ瀬」に自分をつなげたのである。与吉は太一に、漁師としてあるべき姿を教えた。与吉の「千びきに一ぴきでいい」という教えは、太一の中で漁師の心構えとして結晶し、それを海で生きる銘とする。

　父の姿が、そして与吉の教えが、太一の成長の糧になり、彼を一人前の漁師に育て上げた。では、そこにいるはずの母はどうであったのか。母もまた、太一の身の回りの世話をしたり、日常的な生活の知恵を与えたりしたのではないだろうか。

　作品中に母が登場するのは2カ所である。その1つは、次の引用である。

　　　ある日、母はこんなふうに言うのだった。
　　「おまえが、おとうの死んだ瀬にもぐると、いつ言いだすかと思うと、わたしはおそろしくて夜もねむれないよ。おまえの心の中が見えるよう

で。」

「おそろしくて夜もねむれない」日がくりかえされる母である。しかし、そのことを口にしたのは、「ある日」で、それは特別なことなのだ。ふだんは母は、自分の心配を胸の奥にしまいこみ、おろおろしながら息子を見守っていたにちがいない。息子の生き方に母は口出しができない。自分の思いや考えを伝えることもできない。なぜなら、息子は、母を見ていないからである。母親というものは、このように、おろおろしながら見守る存在が理想的なのであろうか。「太一は、そのたくましい背中に、母の悲しみさえも背負おうとしていたのである」とあるが、いったい、母親の悲しみはどのようにして解消されるのだろうか。夫をうしない、今や太一しかいなくなった母親と、向き合うことをせずに己れの世界をいく息子を、たくましくなった、一人前になったと、母親は喜べるのだろうか。

その母親のあり方について、語り手は放り出すようなことはしない。母について、次のような結末を語っている。

「母は、おだやかで満ち足りた、美しいおばあさんになった。」

嫁が来て、孫が生まれて、母親は安心して「おだやか」な「おばあさん」になったというのである。そうだろうか。太一が海で漁を続ける限り、母親の心配は消えない。家事を嫁に任せたように、心配も嫁に預けたとでもいうのだろうか。しかし、母親は幸せなのだ。そのことを強調したいから、語り手は「美しい」と形容する。

女性が生きるということはどういうことなのだろう。息子に与えるものはなにもなく、嫁との同居によって人生の安寧をえることが幸せだというのだろうか。

「海の命」の語り手は、父系の物語に関わる女性を、父親のあとを継ぐ息子をただ見守るだけの母親、息子一家との同居生活に幸せを見出す母親として描き出した。父系の物語を阻害しない女性の生き方が描かれたといってもいい。「男のロマン」「男の美学」をいっそう引き立てる脇役として、女性が登場させられているのである。

3　ジェンダーの視点から「カレーライス」を読む

　重松清「カレーライス」は、光村図書の6年に収載されている教材である。
　語り手「ぼく」によって、父親とのいさかいにおける「ぼく」の心情が語られている。父親の作る甘いカレーと、父と「ぼく」との合作による辛いカレーを通して、父親が「ぼく」の成長を確認し、父と息子との間のしこりが解消するというところで物語は閉じる。

(1)　家事労働のワーク・シェアリング

　「ぼく」の家族は、母親、父親、6年生の「ぼく」の3人である。母親と父親は共働きで、母親は毎月1週間ほど帰宅が真夜中を過ぎる頃になる。そのため、この家庭では「お父さんウィーク」というものを設定し、父親が夕食の支度をすることになっている。

　女性が社会に出て男性と同等に働くことは、今では普通のことだ。平成23年度の雇用者総数に占める女性の割合は42.7%である。少ない数ではない。数字が示すように、自営業に限らず、女性が家事労働以外で働く割合は増えている実態がある。そこで、問題が出てくる。女性が仕事をもつと、家事や育児など、家庭内の仕事をだれがやるのかということだ。育児はもちろんだが、料理、洗濯、掃除など、仕事に際限はない。時間と大きな労力を費やすことになる。平成4年の文科省の調査では、家事、育児の大部分を妻が負担しているという数字が出ている。最近では、家事、育児に介護が加わる場合もあり、女性の負担は、決して軽減される方向にはない。

　収入が欲しい、自分の能力を生かしたい、社会との接点が欲しいなど、さまざまな理由で女性が社会に進出している。しかし、家事、育児、介護は女性の仕事であるという社会通念も根強く残っている。その社会通念を打ち破って、家事労働のワーク・シェアリングが必要なのだ。つまり、男性も子どもも、家事労働を分担しなければならないということだ。

　「カレーライス」は、「お父さんウィーク」によって、かろうじてワーク・シェアリングをしている。「かろうじて」といったのは、それが月に1週間という期間限定であること、家事分担が料理に限定されているということなどからである。しかし、父親が、台所で、積極的に働く姿が描かれた教材は

これまでなかった。不十分なものではあるが、ワーク・シェアリングを描いた点において、「カレーライス」は評価できる作品であると言える。

(2) 子どもを知らない父親

「ぼく」が、「一日三十分」というゲームの約束を破った時、父親はいきなり電源を切った。その仕打ちに納得がいかない「ぼく」は怒っている。有無を言わせない父親のやり方は、「ぼく」の人格を無視したもので、「ぼく」は、そのやり方に腹が立っているのだ。

父親は、「ぼく」すなわち息子の気持ちに気づかない。「すねてる」と言ったり「特製カレーを食べれば、きげんも直る」と言ったり、息子の成長を知らず、幼児を相手にしているような物言いである。しかも、「ぼく」は、そのことを母親から聞かされる。父親は息子と向き合うことをしない。

自分の作った甘いカレーを、喜んで食べる息子、その姿のまま、息子の時間は止まってしまっていた。父親は、それから３年間の息子の成長を実感できなかったのである。だから６年生に対しても「火を使うのは危ない」と言う。なぜ、そうなったのか。母親と息子は、すでに中辛のカレーを食べている。だから母親は息子の成長を実感している。しかし、父親はそうではなかった。なぜか。それはおそらく、仕事が繁忙だったからであろう。仕事にかこつけて息子とじっくり向き合う時間をとらなかったのだ。育児を母親任せにしていたからなのだ。父親は、病気になってはじめて、息子の成長を知る。「そうかあ、ひろしも『中辛』なのかあ」と言葉にした時、父親の中の息子像が瞬く間に変化し、６年生の息子が現れる。もっとも親密な関係であるべき、父親と息子が、父親不在ともいうべき状況になっていたのである。

これは労働のあり方を問題にすべきで、社会問題なのかも知れない。しかし、家庭人として意識的であれば、男性も自らその一員として家族関係を構築することができるはずだ。すなわち、「お父さんウィーク」は特別な日ではなく、常態化されなければならないだろう。

4　ジェンダーの視点から「夕鶴」を読む

　「夕鶴」は、木下順二の作で、教育出版『ひろがる言葉　4年下』の国語教科書に収載されている。「夕鶴」といえば、同じ木下順二の戯曲が有名だが、この教材は21の場面から成る物語になっている。
　原話は、助けてもらった恩返しに、よひょうの嫁となって働き、鶴の千羽織りを織ったことで破局に至る、「鶴の恩返し」である。

(1)　つうの造形

　「あるばん」、よひょうの家を訪れたのは、「雪の中から出てきたかと思われるように色の白い、ほっそりとした女の人」である。語り手は「きれいな人」と言う。色白で「ほっそりした」姿態は美人の典型である。しかし、その姿は、作者の好みによって造形されたものではなく、鶴の化身として描かれたものである。
　語り手は、つうを「ほんとにいいおよめさん」と言う。「やさしくてよく働く」ことが、その根拠である。「やさしい」こと、「よく働く」ことは、嫁というものに限定されない、人間として評価されることである。つうに備わっているのは、それだけではない。「一晩のうちに、だれも見たことのない美しいぬのをおりあげる」「わざ」をもっているのである。一晩で織物を仕上げる、それはまさに、人間業ではない。つうは、スーパー・ウーマンとして造形されている。そして、よひょうが寝ている間に機織りの仕事をすること、それを過重労働のように考えることはない。つうは、鶴であることを隠すために、ひそかに機織りをする必要があったし、美しい布をよひょうに与えることに喜びを感じているのだ。つうの献身は悲壮なものではなく、つうにとって幸福なものであったはずだ。

(2)　よひょうの造形

　よひょうは「正直者」で「子供と仲が」よく「だれにも負けない働き者」である。実直な男であろう。それだけに世間知らずで思慮に欠ける面がある。
　よひょうは、つうが織った鶴の千羽織りを、うんずを通して売って金を得た。つうの命を売り渡しているようなものだ。しかし、よひょうは、そのようなことは夢にも思わない。単純に、お金欲しさからそうしているのだ。う

んずが、織物の正当な代金を渡してくれているのかどうか、疑うこともしない。わずかであっても、現金を手にすることがなにより嬉しいのである。
　よひょうの欲は、お金であり、都である。都に恋をして、それを手に入れるためには、つうとの約束も破り、「おらないと承知しないぞ！」と脅しもかける。我欲のために、妻に命令し、脅しさえする、最低な男に成り下がった。素朴で実直な姿は、裏を返せば、無知で無思慮な本性であった。

(3)　つうとよひょうの関係

　つうとよひょうは「本当に仲よくくらして」いた。つうがそばがきを作ってよひょうが食べる。つうが歌ってよひょうが聞き、共に歌う。つうが都の話をして、よひょうが聞き入る。つうが能動的で、よひょうが受動的である。それで、夫婦はうまくいっている。
　そもそも、つうとよひょうの暮らしは、つうの「あたしをあなたのおよめさんにしてくださいな」という、唐突で一方的な訪問からはじまっている。いわゆる押しかけ女房だ。よひょうにとって、つうの訪れは思いがけない幸運で、喜んでこの運命を受け入れたにちがいない。
　ところが、そうどとうんずの登場で、その関係が壊れた。よひょうは、つう以上に欲しいものができ、つうとの暮らしに満足できなくなったのである。つうの愛も献身も、金が欲しい、都に行きたいという、よひょうの欲望には勝てない。このよひょうの変節を、つうは受け入れがたい。「だれか悪い人」の仕業とするほかない。織物を織るか、よひょうを失うか。つうは苦しい選択を迫られ、「もう一枚だけ」織る決心をする。命がけの決心である。
　つうにとって、よひょうとはどのような存在だったのか。子どものように無邪気なよひょうを、つうは愛したのだろう。純粋によひょうを喜ばせ、守り、幸せにしたかった。はじめは、恩返しの意識もあったのであろうが、やがて、それも忘れ去って、よひょうをひたすらに愛したのだった。よひょうは、つうの本性を知らない関係の夫婦愛。それは相互理解に支えられた愛情とは言えず、はかない幻であったのかも知れない。だからこそ、そうどやうんずが２人の間にもちこんできた、金や都といった世俗的な欲望によって、もろくも崩れ去るのである。

(4) つうの別離宣言

　無邪気なよひょうは、好奇心を抑えることができず、約束を破って機織り部屋をのぞいてしまう。よひょうは、そこに鶴を見たにもかかわらず、それが何を意味しているか考えようともせず、つうの姿を求めて探し回る。見なければならないものを見ることができないよひょうは、見たいものを見ることだけしか考えない。

　よひょうは、今や約束を破った男。無邪気で単純で、思慮に欠ける男。つうは、もはや以前のようにはよひょうを愛せない。「あんたはどうしてのぞいてしまったの？」と問い、「あんなに固く約束したのに……」と責める。そして、つうはよひょうに向かって

　　「このぬのは、いつもより心をこめておったんだから、大事にとっておくのよ。あたしだと思って、いつまでも大切に持っていてよ。」

と言う。母のように、よひょうに教え諭すように言うのだ。「大事にとっておいてね」ではない、命令のような「大事にとっておくのよ」という言葉は、つうからよひょうへの最後通告であった。

　見られたら別れなくてはならないという宿命を背負ったつうである。しかし、つうの心情として、約束を破って見てしまった男、見るなの禁を破った男とは、一緒に暮らすことはできなかったかも知れない。

　「夕鶴」は、ジェンダーの視点から見ると、とても興味深い教材である。昔話を原話としていながら、つうやよひょうの人物造形が明確で、決して類型的ではない。宿命にとらわれているはずのつうだが、類型的な美化ではなく、現代女性に通じる積極性をもちながら、一方で迷いや悲哀をあわせもっている人間として描かれている。よひょうも、男性としてあるべき姿ではない、リアルな人間として描かれている。2人の愛情関係にも現実味がある。つうの、献身的な愛とその破綻が胸を打つ教材である。

〈あとがき〉

　昨年、私の勤務する都留文科大学では、「ジェンダー研究プログラム」発足7周年を迎え、それを記念して『ジェンダーが拓く共生社会』（論創社）を刊行した。ジェンダー研究プログラムの発足からそれに参加し、大学の男女平等委員会の委員長という役職にあった私は、学生はもちろん、教師のジェンダーに関する意識改革を急務と感じており、プログラムの作成に積極的に関わってきた。現在では、「ジェンダー研究プログラム」開設の科目も充実し、受講生も安定的に増加している。また、「ジェンダー研究プログラム運営委員会」も発足し、大学のカリキュラムとして順調に運営されている。ゆっくりとした歩みではあったが、自分の仕事の一つが軌道に乗っていることをうれしく思っている。

　大学では国文学科研究室に籍を置き、国語教育学を担当しているが、国語教育学のゼミや国語科教育法、また国語教育史など、授業の中で必ずジェンダーの問題を取り上げている。言葉の教育とジェンダーの問題とは切り離せないと考えるからである。そのため、毎年、卒業研究にジェンダーを取り上げる学生が出てきている。地道な取り組みではあるが、教師を志す学生たちのジェンダー意識の高まりには、教師である私の方が教えられることが多い。

　国語教育とジェンダーの問題は、私のライフワークであり、本書はその研究過程の節目を示すものである。今後、取り上げていかなければならない問題は山積しているが、その1つが「脳科学からみた男女差」である。現在、「男脳・女脳」に関する研究が進められ、そこに明らかな男女差があるとする報告を目にすることがある。しかし、これまで目にしたものに限っていえば、たとえば男女の国語の能力差が、脳の男女差とどの程度関わっているのか、納得できる説明はえられていない。今後の脳科学の進展に期待したいところであるが、私は脳の男女差そのものよりも、生育環境の問題を重視すべきであると考えている。ジェンダー問題は、脳科学を取り入れながら、具体的な取り組みを提案していかなければならないであろう。まちがっても、脳の男女差を根拠に、男女の別学を奨励するようなことがあってはならない。そのことが、男女の共生社会を築く上で、有効にはたらくことなどありえな

いと考える。

　男女共に、生きやすい世界を創造すること、それがジェンダー問題の根本理念である。男女が、それぞれ自立した１人の人間として、たがいを認め合い、共に生きるところに、現代に生きる私たちの理想がある。

　なお、本書の刊行にあたっては、国土社編集部のみなさん、なかんずく内田次郎氏のお力に負うところが大きい。ここに記して感謝の意を表したい。

　2014年１月

牛山　恵

　本書は、都留文科大学の出版助成を受けての刊行である。

初出一覧

第1章　教師力とジェンダー
① ジェンダーの視点からの教師力
　原題　ジェンダーの視点からの教師力（『日本語学』明治書院　2003年）
② 「言葉とジェンダー」についての教師の意識
　原題　ジェンダーを意識することから人権教育は始まる（都留文科大学ジェンダー研究プログラム『ジェンダーが拓く共生社会』論創社　2013年）

第2章　国語力とジェンダー
① 国語学習における男女差　**(初出)**
② 読み書き能力における男女差
　原題　読み書き能力における男女差（都留文科大学国語国文学会『国文学論考　創刊40周年記念特集号』　2004年）
③ コミュニケーション意識に見られる男女の差異
　原題　小学生・中学生・高校生のコミュニケーション意識に見られる男女の差異（都留文科大学国語国文学会『国文学論考　第38号』　2002年）

第3章　国語教材とジェンダー
① 国語教材論
　原題　国語教材論―ジェンダーと国語教材―（『国語教育の再生と創造』教育出版　1996年）
② 国語教材（小学校）をジェンダーの視点から見る　**(初出)**
③ 文学教材（小学校）とジェンダー
　原題　小学校国語教材とジェンダー（『都留文科大学研究紀要　第61集』　2005年）
④ 文学教材（小学校）の史的研究
　原題　小学校国語教材とジェンダーⅡ（『都留文科大学研究紀要　第62集』　2005年）
⑤ 日本版シンデレラ「おしん物語」
　原題　国語教育史におけるジェンダー――坪内雄蔵『國語讀本』に見られるジェンダー形成の問題―（全国大学国語教育学会『国語科教育　第50集』　2001年）

第4章　ジェンダー教育の試み
① 児童文学とジェンダー
　原題　児童文学とジェンダー（『アプローチ児童文学』翰林書房　2008年）
② 伝記で学ぶジェンダー　**(初出)**
③ ジェンダーの視点で読む文学教材―覚え書き集―　**(初出)**

著者紹介

牛山　恵（うしやま　めぐみ）

東京都に生まれる。横浜国立大学教育学部卒業。同大学院教育学研究科国語教育専攻（修士課程）修了。横浜市立の公立小・中学校の教壇に立つ。現在、都留文科大学文学部国文学科教授。日本国語教育学会、全国大学国語教育学会、日本文学協会、日本児童文学学会、宮沢賢治学会等に所属。著書に『国語教育における宮沢賢治』（私家版・1988年）『「逸脱」の国語教育』（単著／東洋館出版、1995年）『教室のことばあそび』（共著／教育出版、1984年）『たのしいことばの学習』（共著／教育出版、1987年）『こどもたちのことば探検』（共著／教育出版、1990年）『子どもと創る国語科基礎基本の授業』（共著／国土社、2003年）『子ども朗読教室』（共著／国土社、2007年）がある。その他、「宮沢賢治『やまなし』を読む」（『文学研究のたのしみ』鼎書房、2002年）「子どもが読む『注文の多い料理店』」（『日本文学』、2010年）「『土神ときつね』を読む」（『日本文学』、2010年）「『伝統的な言語文化』の教育史的意義と問題」（『都留文科大学研究紀要』2010年）「単元学習を支える言語力」（日本国語教育学会編『豊かな言語生活が拓く国語単元学習の創造Ⅰ理論編』東洋館出版、2010年）「単元学習の史的展開と学力観─国語科における『方法としての単元学習』の問題・その史的研究」（都留文科大学国文学科編『文化の継承と展開』勉誠出版、2011年）などがある。

ジェンダーと言葉の教育　―男の子・女の子の枠組みを超えて―

2014年2月25日　初版第1刷発行

著　者　　牛山　恵
発行所　　株式会社　国土社
　　　　　〒161-8510　東京都新宿区上落合1-16-7
　　　　　TEL 03-5348-3710　FAX 03-5348-3765
　　　　　http://www.kokudosha.co.jp
印刷・製本　株式会社　厚徳社

©M. Ushiyama　2014 Printed in Japan　ISBN978-4-337-79016-2 C3037